南洋中学全面育人系列丛书·美育分册

王圣春 主编

设境育人 以美感人

SHEJING YUREN YIMEI GANREN

郑 蓉 赵 卿 编著

学林出版社

　　王圣春：上海市南洋中学党委书记、校长。1968年1月出生，研究生学历，中学数学高级教师。历任上海市徐汇中学副校长、副书记，上海市位育中学党委副书记、纪委书记等职。曾获上海市园丁奖。参与编写《西学东渐第一校——从徐汇公学到徐汇中学》《崇思——教学论文选》《五育并举　立德育心》等书。

南洋中学介绍

　　上海市南洋中学创建于1896年，是国人自主创办的第一所新式中学，有着悠久历史渊源和深厚人文底蕴。学校培养了大批社会精英：民国第一外交家顾维钧、亚洲摄影之父郎静山、文学泰斗巴金，社会活动家朱少屏等十烈士，以及23位中外院士、40余位高校校长等各界精英均曾就读于南洋中学。1956年南洋中学改为公办，1959年被上海市教育局确定为重点中学，2005年获评"上海市实验性示范性高级中学"。2014年，百年老校实现华丽转身，面朝徐汇滨江、上海西岸。从私立到市实验性示范性高中，南洋人始终坚持"知行并进，为己积福、为家增光、为国桢干、为天下肇和平"的育人思想，秉承"俭朴、好学、自主、求实"的校训，在"爱国荣校、科教救国、依法治校、人文和谐"的办学传统中不断开拓、奋进。进入新时期，学校以立德树人为根本任务，坚持党建引领，"五育"融合，立德育心，以优化适合每一个学生终身发展的教育，实现新的跨越、走向新的征程。

PREFACE

序　言

　　年前，南洋中学的青年教师希望我能为他们学校的一本书作序，作为一位老教育工作者，我欣然答应了，并向她要了电子书稿。这本名为《设境育人　以美感人》的书，我花了几天的时间，浏览了全文。掩卷而思，我为南洋中学不忘初心、继承传统的办学思路所感动，为南洋中学帮助学生提高审美素养，以美育人、以美化人的生动实践所感染，也为南洋中学有这样一批深谙美育功能，又善于付诸创新实践的老师们感到骄傲。

　　南洋中学是一所百年老校，它的历史文化深厚，是中国人自主图强的产物，也是中国近现代教育史的一个写照、一个缩影。早在百年前，创办者提出的"知行并进，为己积福、为家增光、为国桢干、为天下肇和平"的办学思想，成了南洋中学办学百年不变的育人理念和使命追求。从这个校园里曾走出过文豪巴金、摄影大家郎静山、民国第一外交家顾维钧等一批杰出校友。近年来，南洋中学以美育德、用美育心，坚持通过知行并进、设境导学来促进"五育"并举，推动学校的新发展。特别是学校借助新校舍建设的契机，从美学设计角度安排了校园整体景观：红楼壁照、绿植修剪而成的八字校训、老校长雕像、百年碑廊、南洋中学博物馆等，让南洋学子在这样环境里耳濡目染，时时感受学校的美丽和荣耀。同时，学校坚持面向全体，健全面向人人的学校美育育人机制，开齐开足艺术课程，面向有艺术爱好特长的学生开设拓展型的课程，蓬勃发展学生的艺术社团活动，帮助学生在高中阶段掌握一至二门的艺术特长。

近年来，南洋中学积极探索学校美育综合改革，坚信以美育人、以美化人、以美培元的功能作用，整合美育资源，强化实践体验，加强各学科有机融合，组织全员全方位参与，已经初步形成具有南洋特点的学校美育体系的雏形。它表现在以下几个方面：

第一，在书中，我看到了与众不同的是，南洋中学的领导和教师们对学校美育功能正确的认识和把握。他们不仅把美育看成提升审美素养、陶冶情操、丰富精神的重要源泉，而且认识到美育是能开发智力、促进思维、激发创新创造活力的教育。一位班主任对于教室布置会有这样的思考：教室，是班级的家，让一群学生的心有了一个归宿。因此教室布置时的色彩选择，一张画、一幅字，之所以可以放进教室，不仅是因为它漂亮，更是因为它的寓意，它对班级的态度、信念、价值观的解释。一位科技教师是这样认识科学和美育的关系的：从思维层面看，科学思维善于把复杂的世界概念化、明确化、单纯化。美育思维则善于把现实世界形象化、模糊化、丰富化。科学思维和美育思维认识世界的关系就好比数码相机成像过程，科学思维把丰富多彩的景色编码成简单的数字符号，记录在储存卡里；而美育思维把内存卡里的数码符号转化为充满美感的图像。科学与美育的交融，在思维层面上，会让人类认知的世界更清晰、更美好。

第二，在书中，我看到了南洋中学创造性地整合美育资源，强化学生实践体验的经验。为了让学生亲近南洋、融入南洋的校园，学校不仅组织学生参观了解校史和景观，而且有意识地培训学生作为志愿讲解员，参与接待校内外人员的参观讲解。一批批学生讲解员查阅资料、对照实物、反复演练，这些培训过程和讲解过程，都成为最有效的自我教育过程，充分发挥了学生的自主性。南洋中学附近的徐汇滨江，有个龙美术馆，近年来为社会提供了大量古今艺术、东西方文化作品展览。南洋中学主动与龙美术馆公共服务部合作，培训中学生作为龙美术馆的志愿讲解员与引导员。系列的学生志愿活动，不仅让观众们能够更好地理解作品，也使参与讲解的学生感悟展品背后的历史内涵，拉近与艺术家的距离，在艺术与历史中走近美、感受美。一位学生讲解员由衷地说，直到我来龙美术馆做讲解起似乎才有所悟。美，它不一定是具现的，也可以是较为抽象的，准确来说是一定程度上的"无形"，是一种可以感知，却又很难细讲的美。这种美能涤荡人的心灵，让人脸上不禁浮起满足的笑。

学校先后与龙华烈士陵园、上海公安博物馆、巴金故居、上海昆虫博物馆、上海航海博物馆、余德耀美术馆、龙美术馆、宛南实验幼儿园、斜土街道、龙华街道、社区里委等长期保持着合作关系，把它们作为学生社会实践的基地。有艺术特长的学生，就用各种方式为社会提供志愿服务：有文学特长的学生走进巴金故居，为同学讲解；有音乐艺术特长的学生走进瑞金医院，为病患弹奏钢琴；有足球特长的学生参与中超联赛上海体育场志愿服务；古风社学生参与大型活动的茶艺表演等。引导学生在实践体验中用好校内外的美育资源，确实能让美育入脑入心。

第三，在书中我认为最有价值的，也是实施美育教育难度最大、效果最佳的就是有机整合相关学科的美育内容，充分挖掘和运用各学科蕴含的体现中华美育精神与民族审美特质的心灵美、礼乐美、语言美、行为美、科学美、秩序美、健康美、勤劳美、艺术美等丰富美育资源。书中汇集了23位各学科（政教、班主任、语文、数学、英语、物理、化学，地理、心理、音乐、美术、舞蹈、体育、科技指导、社团指导）教师的教学实例，他们以美育融入学科教学的探索实践，为我们提供了宝贵的感受体验和操作范本。这些都是来自教案和课堂生成的真材实料，思路可以供人借鉴，案例可以供人仿效。

比如四位语文教师，分别从高中语文悲剧作品教学的艺术价值，高中教材文本的赏析，高中教材戏剧作品的语言美、情节美，以及拓展课外阅读、体验多样多彩的文学之美四个角度，诠释了语文教学中融合美育教育的理念和方法设计。四位英语教师，也分别从英语作品的人文色彩，教学方式的"音英"结合，品味英语句式、修辞、韵律表达，和英语课外报刊阅读四个角度，拿出了他们的教案实例。再如理科的数学教师，也系统整理了他们如何在概念教学中渗透数学美，在新知识点学习中帮助发现数学美，在解题过程中让学生感受数学美，在应用数学解决实际问题时体会数学美。南洋中学美育教育的跨学科教学也有很多实验案例，如美术课与语文课结合，让诗、书、画成为一体；美术课与地理学科结合，提供更多的中外美术作品的自然地貌信息；美术课与历史学科结合，了解经典美术作品的历史背景；美术课与传统文化传承结合，形成昆剧特色美术课堂。这么多教师的学科美育实践，令人信服地表明，只要有发现美的意识和目光，美就在我们的身边。

2020 年 10 月 15 日中共中央办公厅、国务院办公厅印发《关于全面加强和改进新时代学校美育工作的意见》，首次明确地提出了对学校美育工作的时代要求。南洋中学《设境育人 以美感人》一书可以说是应景之作，尽管它是一所普通高中学校美育实践的探索之作，但此书的价值在于，它体现了一线教学工作者对于增强学校美育工作的教育自觉，反映了基层教师对美育在培养人方面，陶冶高尚情操、塑造美好心灵作用的深刻理解，更在于南洋人秉持知行并进的办学传统，全员参与、积极探索、大胆创新、有机整合相关学科的美育内容，推进课程教学、社会实践和校园文化建设深度融合，为高中阶段学校美育教育的开展，提供教学案例和操作范本。这对于当前全面贯彻"二办"文件，推进学校美育工作具有积极的借鉴意义。

希望南洋人在现有工作基础上，继续坚持探索实践，使学校的美育工作取得突破性的进展，为更多的学校提供实验性示范性经验。

原上海市教育委员会副主任　李骏修

2021 年春节

CONTENTS

目 录

CHAPTER 01

第一章
育人为本，创设学校美育环境

学校美育发展报告

设境导学　以美育德，知行并进　用美育心

为进一步深化教育教学改革，让立德树人的根本任务和"五育"的并举目标真正落地，南洋中学以美育德、用美育心，坚持通过知行并进、设境导学来进行全员、全过程、全方位育人。"五育"并举，相互嫁接、融合，推动了新时代学校的新发展。

一、传承中华文化，设境导学以美育德

南洋中学是国人自主创办的第一所新式中学，迄今已有 123 年历史。"知行并进，为己积福、为家增光、为国桢干、为天下肇和平"是百年不变的育人思想和责任追求。自建校伊始，学校就提倡培养全面发展的健康学子。学校是清末最早开创学生演剧之风的新式国人学堂，

早在 1902 年，"至翌年孔子圣诞日，任君（任家璧）发起演剧，因是素人演剧之风，遂日盛行"，由此带动了上海其他各校关心时政、以美育人、以美宣传的演剧热潮。1904 年，当时在校就读的钱玄同也在日记中记载下演剧的琐事。如今，我们在传承以美育人的传统上，不断丰富美育在达成"立德树人"根本任务上的具体举措。学校坚持为党育人、为国育才，强调对学生"美"的塑造与培育，应植根中华大地，讲好中国故事、演绎、宣传好中国故事，能自主欣赏美、理解美，并在高中三个年龄段，设定了不同的美育要求和目标。

同时，学校最大限度地创设学生的美育环境。学校在整体改扩建进程中，极为注重"历史文脉环境化建设"，使其与中华传统文化、社会主义核心价值观相融合。传承"爱国荣校、科教救国、依法办学、人文和谐"的优秀办学传统，彰显出学校的文化自信。教学区中的三栋建筑与校门中轴对称，形成"中"字形，寓意"中不偏，庸不易"的中庸之道；生活区中的宿舍楼呈"人"字形，寓意以人为本、立德树人；历史风貌保护区的"南中博物馆"整体呈"品"字形，寓意品格风骨、品行为人，成为学校的精神家园。南洋的校园，处处彰显中华文化之"美"，让环境说话，用环境养人，润物无声。

二、融通共举"五育"，知行并进用美育心

学校开齐、开足、开好音乐、美术等艺术课程。另外通过三方面加强美育教学。首先，面向有艺术爱好和特长的学生，开设室内乐、合唱、舞蹈、戏剧、昆曲、影视、动漫、摄影、茶艺、健美操、朗诵等十余门拓展研究型课程。其次，面向全体学生，进行各学科融合教育，建设美育大熔炉。学校各项办学特色——科技、心育、体育中处处也有美育的影子，让学生在特长学习中也有美的学习。各科目的学科教学，也在进行美育熏陶。如语文戏剧作品欣赏中的美育，数学、物理中的图形美、物质美、结构美等。第三，充分发挥学生美育社团的德育影响力。现阶段美育类学生社团的发展，一方面传承南洋历史，让巴金文学社、顾维钧外交社和静山摄影社进一步展现亮点。另一方面，又加大培育艺术素养。广受学生喜爱的茶艺社、合唱社、器乐社、戏剧社和动漫社、昆曲社等蓬勃发展。

为确保美育课程的有效实施，学校注重对艺术教师及有一定艺术专长的教

师进行培训。做到了艺术专职教师五年内能够100%出国进修，选送赴法、赴巴拿马交流学习演出；支持有艺术专长的教师参加专业演出，一些老师创作的剧目登上正式演出舞台。同时，学校鼓励聘请校外专家定时到学校开展专业指导、授课。学校与上海市文联、上海京剧院、上海交响乐团等专业文艺团队长期保持共建、合作关系，京剧、交响乐中西融通，同进校园。在校外专业教师的指导下，120周年校庆日当天根据校友巴金著作《小团圆》改编的舞台剧《英雄儿女》亮相剧场，引起轰动。

三、全程辐射示范，全面示范育人成果

南洋中学一直将美育作为"五育"并举不可或缺的重要组成部分，使其充分融合于学校知行并进、家国天下的育人思想。长期的坚持，换来了全国中小学微电影制作金奖、银奖，上海市中小学生高中组合唱一等奖、上海市中学生戏剧节课本剧表演一等奖、上海市中小学生茶艺交流展示活动一等奖等诸多奖项。但南洋的美育成果，最重要的还是体现在学生自主追求"美"的实践与成效上。学校的各类校园文化活动中，学生一直是主角。"班班有歌声""南洋达人秀"，"声"入人心，彰显青春。志愿服务活动中，最抢手的岗位就是龙美术馆、余德耀美术馆的义务讲解员；场馆行课程中，学生最爱跟着老师在博物馆里看明清服饰、看青铜篆刻。外国友人来访，学生都会送上或用心挑选或精心制作的富有中国传统文化特色的礼物；学生会组织的校服设计比赛，让我们看到了当代学生的审美取向。在教育综合改革任务的驱动之下，不断优化学校美育工作是我们不变的追求。根据《上海市人民政府办公厅关于加强本市中小学体育艺术工作的指导意见》，学校拟承担书画、室内乐等项目"一条龙"龙头的引领任务，形成美育新格局。今年年初，学校开始启动美育书籍编写工作，目前已与出版社达成合作协议，计划于2020年底前完成。今年，学校还将启动国学专用教室改造项目，戏曲、茶艺、篆刻等爱好者，又将多一方自己的小天地。

学校开展"设境导学、育德育心、知行并进"的美育课程建设，极大地推动了学校在新时代的全面发展。"党建引领　知行南洋在行动"德育项目，获评全国中小学德育工作优秀案例。七年来，学校先后获评十余项全国类别荣誉

称号。2019 年，学校也光荣地成为上海市第四期名校长名师"种子计划"党务工作者（学校党组织书记）培养基地。2016 年 6 月，时任教育部副部长郝平走访南洋中学时表示："南洋中学历史文化深厚，是国人自主图强的产物，是中国近现代教育史的一个写照、一个缩影。看了南洋中学的校园，有一种耳目一新、非常亲切的感觉。"他还提出，希望学校不断总结育人经验，"引领全国中小学的发展"。近五年来，已有来自 10 余个国家，31 个省（自治区、直辖市、特别行政区）3000 余人次的教师到校学习。学校坚持文化传承，以书籍为载体。学校师生共同编著出版了《为国桢干——上海南洋中学 120 年（1896—2016）》《毋忘风雨——上海南洋中学人与事》等多部寓美其中的校史、故事集，编演了多部话剧；编辑了《南洋中学珍藏名人书画集》《南洋中学名人题词碑刻集》。这些出版物，让学生更好地传承学校优秀的文化。自十九大召开以来的两年时间里，新华社客户端上海要闻、新华网六次报道学校的育人工作，总点击量在 200 万次以上。人民网等主流新媒体，《上海教育》等专业类刊物，以及上海电台、上海教育电视台等传统媒体都以较大篇幅（专版）报道学校的育德育心的"五育"并举的工作，学校师生的《我和我的祖国》等专题片也在上海教育电视台、"学习强国"等媒体上高声唱响、展播。这让我们更坚定学校的育人思想与办学传统，从文化自觉到文化自信。"五育"并举，是青少年培根铸魂的核心，这样的探索，我们将永远在路上！

（郑蓉）

学校美育环境的创设

校园环境建设

校园景观建设

上海市南洋中学创建于 1896 年，至今已走过整整两个甲子，是百余年来中国教育的缩影，历史文化积淀深厚。2012 年南洋中学在原址上整体改扩建。学校在建设过程中，极其注重历史文脉的传承，焕然一新的校园处处有景观之美，处处生育人之情，以环境之美养人，以环境之美育人。

一、设境导学，以美传承育人思想

学校文脉建设以中华传统文化为根基，以南洋百廿历史为依托，贯

穿于学校各个区域。通过建筑整体的美学设计，传承百年南洋精神。

图1　自主楼大厅大理石墙——老校长育人思想

　　主体建筑呈"中"字形，寓意"中不偏，庸不易"的中庸之道；宿舍楼呈"人"字形，寓意以人为本、立德树人；"南中博物馆"整体呈"品"字形，寓意品格风骨、品行为人。学校在建设过程中，也极为注重"爱国"因子的注入与融入，从"百年碑廊"到"先驱园"，到南洋中学博物馆，再到侵华日军在沪战俘营旧址，这些都成为广大师生接受爱国主义教育的不竭资源。

　　全校具体可以分为四大部分：校门区域、自主楼大厅、百年长廊、南中博物馆。

　　校门区域内，铜版"红楼照壁"，展示了学校建校以来的厚重历史。其下是黄杨树修剪成的校训——"俭朴、好学、自主、求实"，八个字已然成为南洋人融入血液的精神符号。在校内，八字校训分别成为宿舍楼、初中教学楼、行政服务楼、高中教学楼的名字。报告厅取名"维钧堂"，纪念被誉为"民国第一外交家"的校友顾维钧，更激励南中学子走向世界，发出"中国声音"。初中报告厅取名"懿德堂"，出自"民之秉彝，好使懿德"，告诫学生勤于学问、继承传统。大礼堂取名"植善堂"，既有百年树人之意，又有纪念以"植善"

为名的老校长王培孙之心。

自主楼大厅内，树立老校长王培孙铜像。背后的一堵大理石墙上刻其育人思想："知行并进，为己积福、为家增光、为国桢干、为天下肇和平。"院士校友的画像挂立于石墙两侧，星光熠熠。大厅门外的 56 棵银杏树寓意 56 个民族。家国天下，责任其中。

"百年碑廊"位于学校操场西面，自学校植善堂始，至校友厅末，以中国古典廊庭建筑为蓝本而建。从学校正门而入，在行政楼后面不远处，有 56 棵银杏树组成的银杏大道，大道左侧便是学校的百年长廊。它是由百余年来，百余块社会各界对南洋办学题词、勉励赠言的碑刻组成。走近碑廊，扑面而来的是"自强不息""教书育人，功在千秋""为天下肇和平""知行并进，为己积福、为家增光""爱国爱校"等社会知名人士的手迹。古色古香的碑廊选用珍珠黑大理石，上面篆刻了楷、行、草、篆、隶等各色字体。题词者中有政界、文化、教育、艺术等各领域知名人士，早年有吴昌硕、章太炎等为解民族忧难毁家纾难者，20 世纪 80 年代后有周谷城、谈家桢等为新中国强盛励精图治者；既有孙道临等艺术文化界名流，也有夏征农等领导同志。

南中博物馆，是建于 1926 年的校友厅（图书馆）。该建筑中西合璧，为南洋校友会集资、留美校友建造，反映的是近代一所著名中学图书馆的辉煌岁月。2010 年 11 月，南洋中学校友厅被列为徐汇区文物保护单位，现今整旧如旧，成为"南洋中学博物馆"。博物馆以原校史纪念馆为基础，通过大量珍贵文献、图片、实物、影像视频等多形式，全方位展示南洋中学 124 年来的办学历程。2017 年"518 国际博物馆日"之际，南洋中学博物馆加盟徐汇区"光启博物馆联盟"，免费对外开放，并配有师生志愿讲解员，讲述南洋的历史，弘扬南洋人的精神，彰显学校的文化自信。

二、依托传统，以美叙述育人价值

南洋中学的办学传统"爱国荣校、科教救国、依法治校、人文和谐"，通过新校园内的科技景点、先驱园、"有始有终"雕塑、小花园等实际景观的美学设计，诠释了学校从"科教救国"到"科教兴国"的核心价值观。

学校在植善堂东侧集中设置了多处科技景点，如日晷、金钥匙等，都是学校内开放的实验室，50千瓦的太阳能分布式电站和1000平方米的科技创新中心。老校长王培孙用一生的积蓄建立了30年代上海最好的理化生实验室，建立了藏书逾十万册的中学图书馆。按照"注重动脑、动手的结合，注重实验、实践的结合"的自主传统，目前的南洋中学是上海市自主研发教具最有成果的学校之一。

植善堂西北角设立了先驱园，以纪念学校历史上为国捐躯的十位烈士校友。他们中有为了民族尊严不向日寇低头而捐躯异域的外交家朱少屏烈士；积极参与和领导梅州"五·一二"工人武装暴动，中共广东省梅县区委委员林一青烈士；安徽省阜南县最早的共产党员，红四方面军团政委张耀先烈士；安徽省早期杰出的工运、农运、学运领导人，南芜边区苏维埃政府主席俞昌准烈士；中共余姚县委委员、组织部部长，皖南事变中不幸牺牲的熊达人烈士；抗日战场上壮烈牺牲的巾帼英雄、中共武南县委妇女部长钱立华烈士；解放前夕战斗在第二条战线上的《学生报》发行部负责人严赓初烈士。先驱园内设有校友烈士群体雕塑、记录生平事迹的书册雕塑、一方红岩上刻"铎声永振"四个大字、背面刻有学校学生运动和中共党组织的发展史，寓意爱国的情结、革命的精神性薪火相传。

校园内学校建有"依法办学"景观——"有始有终"雕塑。主要由"书"雕塑和"钟"雕塑组成（"书"谐音上海方言的"始"，"钟"谐音"终"），寓意师生要将规则的意识、法治的精神贯穿于学习、工作的始终。"书"雕塑卷起的部分刻有《上海王氏育材书塾章程》，建校之初即发表于《知新报》上的学校章程，是学校"依法办学"的起点。"钟"雕塑上部的太阳能钟是中国第一座室外太阳能钟，因坏遭弃，物理特级教师奚天敬带领师生团队1996年将其修复，使用至今。两个雕塑一高一低、一宽一窄、一正一反，辩证统一在"有始有终"的规则传承里。

"人文和谐"景观位于高中教学楼北侧小花园，由"一河、一岛、一亭、一林、桥"组成。"一河"，连通了学校的四片水域，寓意人生的起起伏伏、学校的风风雨雨。"一岛"，形似脚印，寓意脚踏实地，又似太极图的一半，移植的一棵黄杨古树，树根直入水中，吸水入岛。水在岛、河之间相互转换，寓意相互沟通、共同成长。"一亭"，名曰"迎潮亭"，原为迎日晖港的浪潮，现寓意迎接时代的大潮。"一林",遍植各类果树,寓意"桃李满天下"。"一桥",名曰"中木桥",和校外东侧延伸的大木桥路、小木桥路呼应,寓意校内外沟通合作,共同发展。

图2　南洋中学"铁路上海南站文化园"

　　学校的育材楼前,为纪念中国铁路的发展历程,在喜迎新中国成立70周年之际,利用原南浦站废弃的铁轨及相关铁路设施建设的南洋中学"铁路上海南站文化园"校内铁路复原工程于2019年10月初步完工。中国铁路的发展是中国近现代工业发展的一个缩影,南洋中学的发展也是中国近现代教育发展的一个缩影。位于上海西岸、徐汇滨江的南洋中学,原名王氏育材书塾,建校于国家、民族危难之际,1904年更名为南洋中学。百年来,黄浦江畔、日晖港边,南洋中学与铁路上海南站毗邻而居,共同见证了日晖港的变迁。"铁路上海南站文化园"的落成,也展现了学校的百年红色基因和师生的家国情怀,体现了学校将育人思想、办学特色与滨江学区发展、徐汇海派文化和江南文脉紧紧联系在一起。校内铁路复原工程展现了南浦站历史的废弃铁轨、枕木、扳道器、信号灯等铁路设施,希望学生能够铭记南浦站的历史变迁,传承和发展日晖港文化。

三、知行并进，以美展现育人内涵

"知行并进"是老校长育人思想的核心。南洋中学的校园文脉建设最终通过各类育人实践活动，形成南洋校园文化的核心内涵。

校内的育人实践活动有：六年级、高一新生入学之初，每一位学生通过入学教育上的校史讲座、校园文化讲座，走近南洋，亲近南洋，融入南洋的校园文化。组织学校师生参观博物馆，参观率达100%。烈士纪念日、清明节等重要节日，校团委、学生会都会在先驱园内举行相关祭扫、纪念活动，与校外的烈士墓祭扫等德育基地社会实践课程活动相互呼应。

学生自主性活动有：初高中学生通过自主报名，经过为期一个月的培训考核，最终上岗成为志愿讲解员，接待校内外人士的参观。目前初、高中志愿讲解员人数已达120人。学生在讲解过程中，充分发挥自主性，查阅资料、对照实物、反复讲解、精益求精，甚至通过总结反思、撰写论文的形式，主动思考、消化学习。学生们在被老校长王培孙的人格魅力感染的过程中，在被南洋中学的辉煌历史震撼的过程中耳濡目染、主动接受教育。博物馆目前每周对外向社区开放，学生讲解员面向社会，宣传南洋文化，弘扬南洋精神。

学校校园文化建设目前已取得了阶段性成果。校史书《为国桢干——上海南洋中学120年》印刷出版，系统梳理学校历史；学生自主编辑的校本教材《做一个有担当的人》，彰显志愿精神，学生"责任"于学校，"责任"于社会；学校德育系列课程"爱国之行南京行""文化之旅绍兴行"等脉络清晰，特色鲜明，多次在市区内介绍活动经验；上海市两纲教育现场会、市级"责任教育"课题推进会于南洋中学召开；学校与百老德育讲师团共建知行学院，以老将军、老劳模事迹潜移默化地影响学生的为人品性。

南洋中学借新校园建设的契机，将学校的育人传统、核心价值、育人实践植根于整体景观建设的美学设计之中，形成良好的育人环境；拓宽校园以美育人方式的创新载体，以形成与推动国人自主创办的百年老校的育人新发展。

（赵卿）

校园文化建设

　　作为一所有爱国传统的学校，南洋中学在科教救国的背景下维新图强，为国桢干。老校长王培孙高尚的民族气节令人钦佩，他拒向汪伪政府登记，不挂校牌，宁以芋艿蜀黍充饥，不领补助，在举步维艰的形势下，依旧坚持在战中将学校迁至上海公共租界内的北京路盐业大楼继续办学。历史之所以美，是因为史料中所承载的家国责任，抢救历史，承载历史，以历史文化之美育人，南洋中学也责无旁贷。学校将始终致力于传承学校红色基因、厚植师生家国情怀。

一、红色基因之美，担当家国责任 ·······························

　　80多年前，日寇发动的全面侵华战争，给国家和人民带来了无穷的灾难、伤害，每一个国人铭记于心。我们可以原谅，但不能忘却。1937年底，日军侵占上海后，很快全面"征用"了南洋中学，将日军部队驻扎在环境优美的校园内，而南洋中学师生只能辗转租界继续办学。日军在兆丰西路工房1—342号及小木桥路东三家里地块，建造了中国战俘集中营，关押被俘中国抗日将士中的"主犯"和"要犯"。为了保证侵华军用物资的供给，日军在兆丰西路建造了占地面积7533平方米的15排300多间简易平房，作为苦役营，供从东三家里中国战俘集中营释放后强制来日晖港北票码头和铁路南站做苦力的俘虏居住，俗称"俘虏所"。抗战期间，南洋中学和周边兆丰西路及小木桥路等区域成了侵华日军的军事重地，侵华日军在沪奴役和杀害中国战俘，有些战俘因扛不动沉重的煤包，被日本兵扔进浦口淹死；想出逃的战俘被日本兵残忍对待，反吊起来，用棍子敲晕，再用冷水浇醒，并在右腿上用刺刀深深戳了一刀；战俘营内的战俘每天只能吃土豆等做成的稀糊，还经常被狼狗撕咬得遍体鳞伤。[1]

　　根据徐汇区房产管理局1996年3月18日发布的沪徐房拆许字（1996）第

---

[1] 张宪文主编. 日本侵华图志　第20卷　虐杀战俘与奴役劳工 [M]. 济南：山东画报出版社，2015.

7 号《房屋拆迁许可证》和审批图证实，原兆丰西路 1—342 号工房即侵华日军在沪苦役营旧址拆迁后，改建成为上海世博会新拓建设道路——龙华中路段的一部分。

将上海市测绘院绘制的同为由东向西成锐角的三角形区域图（即 2016 年上海市龙华中路南洋中学新校址航拍图）覆盖比对 1979 年上海市兆丰西路工房旧址航拍图，用上海图书馆 1988 年上海市地图兆丰西路区域比对徐发改投建（2011）13 号《关于南洋中学改扩建工程项目建议书的批复》中审批红线图和 Google 卫星图南洋中学新校址的一部分，均证实：兆丰西路 1—342 号侵华日军在沪苦役营旧址的三分之二区域恰好在南洋中学龙华中路 200 号新校址的大门之内。

经兆丰西路 1—342 号原住民朱传春和陈福田及原南站居委干部顾秀华和兆丰路原居民孟繁华等在龙华中路 200 号南洋中学新校址内辨认和指认，现今南洋中学的东、西校门和校内自主楼均是当年兆丰西路 1—342 号工房，即侵华日军在沪苦役营的对应位置。在这个对应区域内，还有一条旧铁路，即原东起兆丰路，西连龙华站的旧铁路，即侵华日军铁路运输线（上海解放后旧铁路成为华东木材一级站的专用运输线）从中穿过。而残杀俘虏的"乱葬坑"和原小木桥路东三家里战俘集中营与铁路紧紧相邻。

如今，兆丰西路和小木桥路一带已列入上海"世博会"规划建设的红线区域，兆丰西路工房战俘苦役营和东三家里战俘集中营遗址已拆迁殆尽，亲历和承载着这段痛苦历史记忆和心灵创伤的耄耋老人也随时都将离开这个世界。南洋中学作为区内开展爱国主义教育的一方阵地，将秉承爱国荣校的传统，担起面向社会的育人责任，坚守爱国正气，弘扬民族气节，使更多徐汇人，尤其是徐汇未成年人将建设富强、民主、文明、和谐的伟大祖国的重任扛上肩头！

战俘营调查的历史依据来自 2005 年 3 月 4 日，上海市"市长信箱"收到了原上海市高级人民法院高级法官王元年的电子邮件，反映上海有一个日本法西斯侵略者用以关押和迫害中国抗日将士的"东方奥斯维辛"，即徐汇区兆丰西路工房和小木桥路东三家里一带建立的中国战俘营。时任市长韩正高度重视这一信件，批示中共上海市委和市人民政府信访办："请徐汇区政府查核。"徐汇区人民政府领导批示："请档案部门处理。"徐汇区档案局（馆）派出岳雯

（南洋中学校友）等档案人员到兆丰西路1—342号工房和小木桥路东三家里、铁路南站等处进行实地调查，开始了艰苦的搜寻，并采访了见证这段血腥历史的耄耋老人。①

二、南洋故事之美，播种中国精神

从文化自觉到文化自信，学校始终根植中华优秀传统文化和中国民间自主创办第一所新式中学堂的校园文化传统，2018年，教师、校友、学生团队共同撰写完成学校人物志——《毋忘风雨——上海南洋中学人与事》，书中收录了大量有血有肉的学校历史故事，学校时时有故事，处处能育人。这些南洋故事里，没有空洞的说教，有的只是历史之美，人格之美，让学生时时处处感受中国文化的正能量，为年轻人的精神世界"塑型"。

学生们爱听南洋故事，正是因为故事的主角们也是在这样的年纪、在这方天地，燃起改变世界的决心。1896年的王氏育材书塾，建校于列强侵略、步步紧逼、民不聊生的国家、民族危难之际，时局变换，南洋中学始终岿然自守，将民族大义和国家兴亡视为职责与使命。在五四、五卅、"一二·九"等学生运动中都留下了南洋学子的青春脚步。1921年中国共产党成立后，更有不少南洋学子受到马列主义的影响，为解放人民、解放全人类的崇高事业而英勇奋斗，甚至献出了自己的宝贵生命。"民国第一外交家"顾维钧、"亚洲摄影之父"郎静山、文学泰斗巴金、著名社会活动家朱少屏等九烈士，"中国现代钢铁冶金学和陶瓷学先驱"周仁等23位中外院士，秦汾、吴南轩、丁石孙等40余位著名高校校长，以及著名学者钱玄同、爱国将领方莹等各界精英均曾就读于南洋中学。

在属于南洋人的故事里，有关于"三钱"——钱学森、钱伟长、钱三强的，"三钱"的父辈或是南洋校友，或是和学校有所渊源，校友钱均夫曾在儿子钱学森的行李中塞进小纸条，叮嘱他学成报效祖国的期待；钱三强曾给自己改名为"三强"，表明自己修身治国的雄心；钱伟长为了振兴中华，毅然改考物理专业，表明从事科学研究的决心。

---

① 《档案春秋》杂志社编.当年那些事［M］.北京：华文出版社，2009.

孙中山先生也曾在南洋中学演讲劝剪辫。教师王引才曾率百余学生军顺江而下，参与攻打江南制造局的行动。不少师生早已剪辫、断发。比如1905年就读南洋中学的钱玄同早在入学前一年就已经断发"以表示义不帝清之至义"。但仍有留辫者。1913年初，时任全国铁路督办的孙中山在南洋中学校友朱少屏（其与柳亚子同为孙中山就任临时大总统时的秘书）陪同下，前往南洋中学食堂进行演讲。师生全部到场（当时南中教师有邵力子、叶上之、秦汾、胡敦复等名师，学生有叶良辅、雷宝华、庄泽宣、鄂公复等人）。先生讲打倒清政府、宣传革命，讲剪辫子的意义，从心理建设角度论述"知难行易"，并且号召学生剪去发辫。最后讲革命意义、建国方略。提出了发展中国经济的远景规划，其中包括建设铁路十万多公里，建设华北、华中、华南三大世界级港口等项目。先生演讲异常生动，演讲毕，没有剪辫的同学"持辫子一齐剪去，拍手欢呼"。

图1　师生在龙华烈士陵园上党课

一辈子坚守报格和人格的史量才也曾在南洋中学任教。1903年，刚从杭州蚕桑学馆毕业的史量才来到上海求业。南洋中学校长王培孙慧眼识才，聘请他来校担任理化教师，并协助校长室的对外接待工作。后来，史量才逐步把主要的精力转向新闻事业，试图通过社会舆论的力量来监督当局，激浊扬清。1916年独家经营《申报》，后又购得《时事新报》《新闻报》股权，《申报》一跃而为上海乃至中国新闻界最大的报业集团。同时，他一直关注南洋中学发展，不仅应邀担任校董，并一直提供奖助学金、提供报社岗位，助力学校发展。"九一八事变"后，史量才对"攘外必先安内"政策十分不满，政治态度更加鲜明。史量才允许《自由谈》栏目登载左翼作家的作品，甚至发表了几篇所谓《剿匪评论》："今日举国之匪，皆黑暗之政治所造成。一面造匪……一面剿匪，匪既绝不能以剿而绝，或且以剿而势日以张大……所剿之匪，何莫非我劳苦之同胞，何莫非饥寒交迫求生不得之良民。"1933 年 6 月 18 日，杨杏佛被暗杀。《申报》对此进行大量报道。隔年 11 月 13 日，史量才也被刺死。章太炎在其墓志铭上书："史氏之直，肇自子鱼。子承其流，奋笔不纤。"先生已去，但精神长存。

2015 年，英国威廉王子访华期间来南洋中学参加一项青少年足球活动，有关部门建议在正门搭建通道，供王子车队驶入。学校则以"文官落轿、武官下马"的传统礼仪说服接待人员，安排车队仍旧从边门入校。在中国古代，孔庙和最高学府"国子监"门前，历来有"文官落轿、武官下马"的传统，以示对文化的尊重，因此，学校的校门才有了如此设计。这也是一所百年老校的"固执"。

三、英雄赞歌之美，孕育报国之志

时代的楷模和榜样值得青年人学习，逝去的英雄需要青年人缅怀、纪念和传承。每年的 9 月 30 日前后，学校都会组织师生代表共同举行烈士纪念日祭扫仪式，共同缅怀烈士，歌颂时代英雄。2019 年，习近平总书记在国家勋章和国家荣誉称号颁授仪式指出：要崇尚英雄才会产生英雄，争做英雄才能英雄辈出。要弘扬英雄身上展现的忠诚、执着、朴实的鲜明品格。

2019 年 9 月，学校将社会各界和在校师生撰写的有关南洋红色基因的故事、学习感受、采访实录等收集成册，形成徐汇海派德育、南洋读本《南洋魂》。徐汇区教育工作党委书记姚黎红在《序一》中写道：青少年阶段是人生的拔节孕穗，最需要精心引导和栽培。学校要把立德树人有机融入思想道德教育、文化知识教育、社会实践教育各环节，体现在"基于核心素养的教育服务体系和治理体系建设"全过程，使"五育"相互渗透、有机融合、协调发展。徐汇区委宣传部副部长、文明办主任杨海英在《序二》中鼓励学校：期待未来，南洋中学依托区域化党建格局，积极构建"学校、家庭、社会"三结合的未成年人教育网络，让未成年人在读滨江、看滨江、品滨江中，讲好南洋故事，讲好滨江故事，讲好徐汇故事。

图2　《南洋魂》首发仪式

饮水思源，不忘来路。缅怀革命先烈不仅是为了慎终追远，其根本目的还在于教育今人，在于凝聚14亿炎黄子孙筑梦中国的磅礴伟力。不管岁月如何变幻，英烈的赞歌会永远奏响，赞歌之美就在于时刻提醒着青年人身负重责大任，鞭策着青年人要传承英雄精神，把爱国之情、报国之志化为实际行动。

（赵卿）

我眼中的南洋校园

　　学校的一草一木都有故事，一砖一瓦也皆是文章。如果说，文化之美是一棵根深叶茂的大树；景观之美是一片片翠绿的枝叶，教科书是学生接受教育的"蓝本"，那么南洋的校园之美就是学生浸润汲取的"湖泊"。南洋的校园，就是一本立体的、有历史纵深感和鲜活时代信息的美育教材，它使润物细无声的熏陶、睹物思情的历史浸染等育人手段，与学校日常的教育教学水乳交融地结合在一起，构成学校育人的有机整体。在南洋学习和生活，是一场对美的感悟，也是一个寻找美的过程。师生讲好南洋故事，传播中国声音已经成为风尚。

　　以下收录了部分学生在校园生活中所寻找和感受到的南洋之美：

　　　　就如同静物画一样，南洋的景被嵌入了画框，静静地伫立，任时光静静地流淌，而与油画截然不同的是，南洋的景永远在默默诉说一种人文情怀，一种中国人自己的历史。在晚霞犹存之际，我总爱信步校园，我在寻

图 1　学校人文景观

觅，如一帧图片映入眼帘，宛若仙境的地方。蓦然，我发现了那个地方并不大，也少有人烟，是桥、听亭、岛相连的一处人文景观。踏上桥，缓缓地迈出一步，一阵温润的风拂来，犹如回到了儿时的慢时光。时间仿佛凝结，草丛随着变换的风来回摇摆，天地间只有我一人。"飘飘乎如遗世独立，羽化而登仙"或许就是如此吧。颔首俯身，望见浅浅的湖中，虽无"潭中鱼可百许头"，一条条锦鲤却也"皆若空游无所依"。它们泰然自若，如一根根红缎带坠入湖中，缥缈无依。远远望去，竟与天边的落霞相辅相成，颇有中国水墨画遥相呼应的意象美。自桥北行十来步，便进入了亭中，精致的青铜色华盖让我沉浸其中，层层更迭的仿古瓦片更是让我感受到中国建筑的魅力与特色，身处此地，如能品一杯香茗，俯仰宇宙、思考人生，实在妙极了。这或许就是南洋的魅力吧。再向前走，便是迷人的小岛，其大致形状与古时八卦阵的形状颇为相似，有异曲同工之妙，在八卦阵的"鱼眼"处，是一棵全校最老的黄杨木，不知道在此地生长了多久，见证了多少聚散离合，抚摸着细腻而不失厚重的纹路，这棵"木中君子"在默默中诉说着南洋的历史和故事，让我感受到林徽因笔下的"斑彩错置的秋天"，它映着黄昏的晚霞，也映在我红润的脸颊上，印刻在我的心中。南洋在我的心底，就如一位童颜鹤发的智者，朝着我淡淡地笑，笑得好像花儿开了一朵，那样轻盈，不惊起谁。细香无意中，随着风中，拂在短墙，丝丝在斜阳前，挂着，留念。

——高三（2）班　张心茗

有幸踏入南洋校园，结识这所学校的人与事。经过这些日子，曾在面前一遍遍上演的画面交叠出了深刻的映像。翻开南洋中学的历史，120多年前，它成立于步步逼近的国难中，寄托着育才救国的祈愿，引领"知行并进，为己积福、为家增光、为国桢干、为天下肇和平"的办学思想，开创新式的西学科目，累积了无数爱国前人的心血，笼罩在众多人才英烈的光辉荣耀下，从坎坷的历史中走到现今……如今，南洋校园具备丰富多样的现代化教学设施，无论是铭刻历史的校门、烈士雕塑，或是崭新的高层教学楼，宽广的足球场，灯火辉煌的礼堂，或是日日相伴的课桌，图书馆静伫的落地钟，小花园潭水中的游鱼，都是南洋的骄傲，是南洋人心中特别的记忆。先人悬悬而望的夙愿也在岁月的前方逐一成为现实。南洋中学，承担历史传统的责任，秉持着严谨的校风，设立了严格的规章标准。因此，南洋校园总是秩序井然。在高要求的理想制度下，激励着南洋人不断修炼，突破自我。但严肃规则下的校园里也不乏洋溢着活力的风景。时代新潮下的南洋，不断涌现的惊喜充斥在校园各处，这是风格各异的老师们在耕耘、在引领、在革新；是个性十足的同学们在思考、在学习、在创造。他们是南洋校园现在的建设者，伴随着南洋的当下与未来。这一切在我眼中是值得留念、感慨的意义不凡的"纪念日"，也是在南洋学习的日子中最普通的一天。

南洋，就如夜空中拥有漂亮五角的那颗星星，锐利的锋芒吸引你长久地注目，在心上刻画下久远的印记。而你一次仰望过它的光辉，就再也无法忘怀。因为，棱角分明的外表下，收蓄着无边的关怀。

——高三（3）班 周汪樑

一枚银杏树叶，和着风，轻轻地飘着，飘着。树叶无声地落下，抬起眼，便是我们南洋的百年长廊。百年长廊，顾名思义，就是历经百年沧桑的洗礼。这是一条不起眼的曲径，位置偏于操场高大的看台后。行走在操场上的人们很容易看见，也很容易忽略。独自走在这条长廊上，顿时升起了敬意。透过一面面玻璃，便能看见南洋中学的校友、校长亲笔题写的字词。一句句话语，无不寄语着每一个南洋人对学校的希望与赞美。缓缓踱步，竟发现了余秋雨的亲笔题词，我瞬间惊喜万分。原来，这位名声远扬的作家与南洋有着不解之缘。细细品着一句句话语，想来那些豪杰名人对南洋有着说不出的喜爱吧！风，轻轻拂过，顺势抬起头。咦，悬挂在屋檐上的，不是宫灯吗？一盏盏精雕细琢的宫灯，在微风的吹拂下，合着风，晃动着。我是多么喜爱宫灯的人呀。宫灯竟悄无声息地出现在屋檐下，为百年长廊点亮微弱的光芒。宫灯上还印着南洋的校徽，真是别有用心。"幽深的青石巷弄，古老的墙，斑驳了年华的沧桑"，脚下的路由青砖整整齐齐地铺成，伸向远方。沿着它步行在长廊中，仿佛穿越了百年。轻轻拾起地上的银杏叶，脸上渐展笑意。银杏寿长，长廊百年，便记录了百年的历史，银杏也见证了校园中的一切。而今，年轻的学子行走在长廊中，走进了过去，走向了未来……

——高三（3）班　徐敏佳

两年的匆忙岁月，南洋成了我最熟悉的地方，那一砖一瓦、一草一木似乎都已化成肌骨，与我融为一体。任何时候，我都在心头的画卷上增添线条与色彩，却也绘不尽南洋的美。

南洋的美，美在远观。

两三栋教学楼对称相望，构成"中"字，衬着学校的浩然正气，静观八面来风；体育馆气吞如虎，任由同学们在内球路生风，风发少年意气。宽阔的操场上同学们跑着笑着，秋意渐浓之时，操场边的几棵银杏便成了黄金翠锦，杏叶随风落地，一点一点汇成一片一片，满地金黄承载着同学们的汗水与收获。操场旁百年碑廊挺立延伸，寄托着南洋百年的历史变迁，沿着长廊走去，古色古香，微风拂过，似是历史的回响，铎声永震。就这样一片红墙白瓦、蓝天绿柳、清流倒影，合成一幅浑然天成的水墨丹青。

南洋的美，更适合近赏。

花园中的小潭，平静无波，隐隐约约地倒映出岸上的一片青竹。几尾红鲤倏而远逝，往来翕忽，潭上一座石桥静静矗立，俯视着身下清晰的倒影，环顾着岸上四季的花开。潭边小亭临潭而照，飞檐低栏倾听四时书声。我最爱的还是秋天，教室旁的桂花相继绽放，毫不吝啬地飘进教室里，我们就这样在窗明几净中伴着花香成长。

——高二（8）班　沈津雯

红色，是我们校园的主旋律。不论是自主楼，求实楼，还是红房，都以红漆涂墙。这红色，代表了我们南洋师生的一片热血和激情，也是我们学校百年历史的传承。绿色，是那旋律上浓墨重彩的一笔。一眼望去，树木郁郁葱葱，花草生机勃勃，每一条绿化带都有属于它们自己的风采，构成一幅幅美丽的风景画，让南洋学子得以在学习的紧张氛围内放松心中绷紧的弦。

我们的校园绿草如茵，花团锦簇，那一花一草，一水一木，不仅靠园丁们悉心的照顾，也少不了我们师生的爱护。漫步在这菁菁校园中，感受着风的轻抚，体会到阳光的温暖，身处在校园的氛围，听着同学的欢笑声，撒下我们最美好的时光。我相信，我憧憬美好的未来。

听，南洋正在讲述着它的故事。

——高二（7）班　苏禹霏

草木有本心，人亦如此。大概是因为人是自然之子的关系，古往今来的哲人总喜欢由自然推及人事，借景物喻理。可惜的是，现在的我们与自然的接触越来越少了。剥夺其色彩的，是千篇一律的城镇与匆忙的人群。而南洋作为校园，却有着多样的色彩，戒掉了城市的雷同，以别样的美迎接年轻的生命。人栖居在自然的怀抱里，必须有些对于自然的热爱与敬畏之情，也正是这种信仰，驱使我关注色彩留驻的地方。

图2　学校的"桃李林"

南洋的草木，沿着时间的规律重复一条春荣秋谢的路，在竹青与秋香间，循环着陪伴与送别。南洋的草木到底告诉了我们什么？我想，先是让我们要拥有一种能接受自己缝隙的坦然态度，然后才能借阳光赶走荒芜与黯淡。再是一种性格，穿过风和雨，穿过很多不为人知的困难，却仍然能够迸发出生命的力量。但最重要的，是本心。每年初春，校园里百花齐放、竞相争艳，蝴蝶蹁跹在待放的花苞上，传递春的活力；每年金秋，桂树从沉默的状态中苏醒过来，摇身一变，将香气传播到校园的各个角落。兰逢春而葳蕤，桂遇秋而皎洁，这是草木的本性，并不是为了博得赞赏而摆出的姿态。于我们而言，又何尝不是如此。这是专属于校园中的草木给予我们的教导。

——高二（3）班　马铭媛

我最爱的，还是那片不足五平方米的湿地。说是"湿地"，有点言过其实了，但这块地方，确实有水有草地，还有一丛丛的芦苇和白茫茫的荻花。这块湿地神奇地隔绝了外界的纷扰。若是一个闲暇的午后，来这走走，你会听见风吹过芦苇沙沙的声音，草地上的虫窸窸窣窣，偶尔头顶传来鸟的一声鸣叫。虽然没有白鹭栖息于此，却有小麻雀蹦跳着在芦苇中嬉戏，倒别有一番野趣。

冬天的日子里，芦苇都干枯了，荻花败了，草也黄了，踩在脚下却暖暖的。这湿地颜色显得苍白，但衬得天空湛蓝而又清澈。

从湿地向前走几步，便是赫赫有名的百年碑廊。这是南洋独一无二的景致，它彰显着南洋悠久的历史与文人情怀。诸多南洋学子志满归来时，都会题上一两句，勉励下一代学生，南洋精神也正是这样薪火相传。

——高一（7）班　方的

南洋中学质朴而不简单、幽深而又大气的校园环境一直以来都得到了往届学生的好评。作为已经入学一学期的高一学生，对此，我颇有感触。南洋中学的校园总是扑面而来一股充满年代感的气息，教学楼红砖墙的缝隙，似乎也在时刻告诫着学子们要好学、简朴。

刚来到南洋的校园，我就被校史馆所震撼。历史的一点一滴，慢慢地从一砖一瓦中溢出来，向我们诉说着它沧桑的过去。面对此景，我们喧闹浮躁的心灵也平静下来。还有，不得不说的，就是校内的小花园。学校为了给学生更好的环境，在教学楼旁特地安排了有假山、小水池、喷泉、亭子和木桥的一处小花园。在维钧堂楼上，同样还有一个令人惊艳的空中花园。我们学子无时无刻都能欣赏到美景，抚慰我们因忙碌学习而疲惫的心灵。

——高一（5）班　葛菲杨

（赵卿）

班级文化建设

教室布置之我爱我"家"

一间教室，让一个班级安了家，让一群学生的心，有了一个归宿。

教室不仅是上课的地方，也是学生日常活动最主要的区域。说到班级文化，教室是最好的外在呈现。布置好一个教室的想法，都来自对班级文化建设的思考。班级文化有个性，教室当然就有个性。学校里每一间教室都不一样，因为生活在教室里的人不一样。一张画，一幅字，之所以可以放进教室，不是因为它漂亮，而是因为它的寓意，它对班级的态度、信念、价值观的解释。

一、班门

古人言"宅以门户为冠带"，道出了门具有展示形象的作用。教室的门是呈现对外形象的第一个标识，也是我们师生可以发挥奇思妙想的地方。一直以来，在我的班级中，班门上张贴门贴一直是布置教室时的第一个要求，而门贴上的大大的班级集体照更是必不可少的。集体照都是在一开学的时候拍的，通过这张集体照，我想告诉学生，班级是一个大家庭，无论在学习生活中遇到什么样的困难和挑战，要珍惜缘分，互助互爱，齐心协力，留下美好的人生回忆。

二、讲台

三尺讲台是教师工作的地方，它在教室里的地位，用现在流行的话来讲，就是"C位"了，它聚焦了所有师生大部分时间的目光，所以它的布置一定要整洁且兼顾实用。我的班级的讲台上一直放有一个收纳盒，其实它原来就是一个空置的月饼盒，盒子的大小以能把粉笔盒和黑板擦都收纳进去为准。讲台离黑板近，每一节课后讲台上都会留下一层粉尘，许多老师下课后也会发现衣服的袖口上会擦到许多粉尘，于是讲台上一定要放上一盒抽纸，方便老师们的使用。讲台同时具备储物的功能，讲台的内部放有粉笔、垃圾袋、教具等。同时，讲台的维护和管理也是非常重要的，是教学工作顺利进行的保障，也是锻炼学生能力的有力途径，因此班级安排有专门的值日生每天两次对讲台进行整理和清洁。

三、留白

我看到有些教室布置得过于琳琅满目，四面墙壁上的书画、照片、展板，色彩斑斓。但是我总觉得，教室的布置要注意留白。越留白，文化主题就越明确。所有走进教室的人，看一眼就能感觉到它的风格，而不是眼花缭乱。留白，意味着想象和发展的空间将无穷大。要知道，进入高中，教室的布置还真的不是那么简单。那些热血沸腾的口号和誓言，像无形的眼睛，盯着你的一举一动，无时无刻不在提醒着学生——这是厮杀的"战场"，这是拼搏的青春。学生的压力本来已经很大了，气氛高度紧张，如果连教室布置都在强化，就会令学生逃无可逃，适当的压力并没有错，但是教室是家，不是战场，教师的教育理念完全体现在教室的布置上。

四、班墙

作为班主任，能掌握的教室布置资源相当有限。桌椅的分布与教室主色早已预先设定，课桌椅排列和白色四墙，限制了教室的主要布局和基础色调。此外，由于经费有限，班主任在进行教室布置时还需精打细算，控制制作成本。不过，这一切并不意味着班主任将无所作为，正是由于这些限制，才促使教室的布置成为班主任工作的一门艺术。歌德曾自嘲："在限制中方能显身手，唯有法则给我自由。"

教室内部使用色彩要和谐统一，可以选择一种主要色彩作为主导色，通过亮度和纯度进行变化，也可以用两三种接近的色彩进行搭配，当然还可以选择对比度配色，用在板报、标语、宣传栏上。教室作为专门的教学场所，要营造有利于学生冷静思考问题和开发智力的环境，这是教室布置时色彩选择和搭配的依据。以学生视线最近的两面墙来说，柔和、亮度高的单色有利于抵消学生的视觉疲劳，还可以营造出一种宁静的氛围。学生视线正前方的墙应该以简洁为基调，不要有色彩绚丽的装饰物，来保证上课时学生的视线不被其他刺激物所吸引，保持课堂专注。以我的班级为例，黑板两边的墙上是提示白板，上面书写的通知以及作业备忘都要用黑色水笔正楷书写。而教室后面的墙就可以用对比色强烈的装饰，强化宣传主题，颜色越艳丽越好，吸引学生课余的关注。班主任应该考虑到环境对学生的心理和行为可能产生的影响，布置在不同的地方会产生完全不同的效果，掌握基本的色彩原则才能因地制宜，得到最好的效果。

无论是种植花草树木，还是悬挂图片标语，或者是利用黑板报，我们都将从审美的高度深刻规划，以便挖掘其潜移默化的育人功能。

班级中一直都有一堵荣誉墙，这是为了激励学生、树立榜样而开辟的宣传窗口及班级的文化阵地。一开始同学们的意见是手绘墙，德育处在肯定了学生的想法后也给了我一些中肯的意见：首先就是安全问题，其次是不利于更新，班级可能会有调整，不利于其他班级的循环使用。最后在大家的齐心协力下，荣誉墙以悬挂、张贴班级以及个人的荣誉证书、奖状来完成。荣誉墙的更新内容随着学校和班级活动相应变化，挖掘榜样背后的精神，让它融入班级生活中，鼓励学生学习榜样，赶超榜样，增强集体荣誉感，共同驶向理想的彼岸。

班级中，成长的故事在不断演绎，教室布置也要不断革新。原班级的设计

图 1　高二年级班会课

布置被新的班级接手，更多的是要传承和发扬这个集体的文化精神，所以班级的布置不能一劳永逸，应当能展现学生们的成长和进步。如果教室布置一成不变，学生会对其习以为常，熟视无睹；教室过度布置又会使学生分心。今年新高二学生进入新的班集体，他们都是在选科中选择地理的学生，布置教室时我就在侧墙上布置了巨大的色彩鲜艳的中国地势图，强化他们的意识和他们的选择，激励学生学好地理，不断超越自我，让班级文化得到弘扬。教室是学生学习的主要场所，是对学生进行文化熏陶的重要场所，班级布置一定要有自己班级独特的文化内涵。布置能让学生明确班级目标，要高雅，发人深省，能让学生明确班级目标，增强班级凝聚力。在教室的布置上，应多让学生参与，以学生为本，充分尊重他们的意见，把握好总的方向，让教室美而不俗，更有品位。

五、板报

在印刷和大屏幕户外广告成为主要宣传途径的今天，教室文化中还保留着手绘黑板报的传统宣传方式。走进教室，你会发现最花心思的就是那面黑板报，面积不大，色彩算不上绚丽，但是它凝聚了同学们在成长过程中的智慧。

黑板报承载着班级文化建设的重任，版面设计和内容要满足集体在不同时期的不同需要，成为学生才艺展现的舞台，同时起到美化教室环境、提升班级品味的作用。我校的黑板报每三周出一期，主题大多由德育处或校学生会统一部署。我班由宣传部长发掘一些志趣相投的人才组成宣传小组 3—5 人，负责黑板报出版。每一期的资料由宣传小组轮流提供，学生们精益求精地制作，还不能耽误上课和完成作业，主要是利用课余时间。

在我所带的班级中，高三班级的黑板报是最花心思的。这个阶段的黑板报一定要贴近学生的学习需求，变为学科知识点汇总的阵地。高三一开学，我就和班级的宣传小组一起开了个讨论会，通过对板报的设计和布置的思考以及契合高三年级的班级特点，达成了一个共识：在完成学校统一部署的板报主题之外，板报不能只重形式不重内容，我们班级的板报要把高三的重点知识、公式、结论归纳展示出来，记录每天各科的作业的汇总，这些有助于帮助同学们记录整合所学。为了使板报成为班级学习氛围特有的一道风景，宣传委员买来专门出板报的粉笔，颜色比普通粉笔多，对凸显板报主题起到很好的作用。除了板报特有的美化，还设有专门的版面，例如，在同学们选择专业之前，张贴

图 2　2021 届高一（8）班集体照

介绍全国知名大学的专业设置，以及各专业的就业去向。还有，在高三的几次模考的复习备考阶段，通过不断更新的笑话、猜字谜等游戏减轻复习的枯燥和备考的压力。同时板报开辟"答案张贴处"，方便学生课后及时查漏补缺。在高三的最后一次班会后，板报上多了一棵"心愿树"：全班每一位学生都写下一个心愿或一句给自己的加油词，贴在"心愿树"上，以此培养自信，激活思维，追寻梦想。当同学们在感到学业繁重、考试压力大时，在困倦懈怠、茫然无措时，只需要伫立在板报的"心愿树"前，看看自己写下的点点滴滴，所有的消极情绪便会一扫而光。高三的板报就是这样一个地带：没有成绩单，却让人斗志昂扬；没有艺术作品，却让人流连忘返。

理想中的教室应该与学生的精神、气质相契合，能持续地产生影响。如果教室能呈现的是向上、富有文化气息的氛围，那么所处其中的人也会相应表现得积极、阳光。班级文化无形，温馨教室有形，通过无形的变化带来有形的转变，展现出班级文化的魅力，使建设班级文化真正成为班主任工作的一门艺术，创造出一方沁人心脾的教育空间。

（何炅炅）

信息环境建设

南洋中学的信息化与现代化

　　南洋中学新校园，位于龙华中路和中山南二路，小木桥路和大木桥路延伸段之间，矗立在上海西岸，徐汇滨江，是一座美丽的校园。2012年3月，新校园建设之初，充分考虑、综合设计了校园建设方面美的细节，信息化环境建设也不例外。

　　信息化教育环境建设，是学校教学环境的一个重要组成部分，也是学校现代化环境建设的一个方向，怎样才能建设技术先进、性能可靠、经济实用的信息化教育环境，学校领导以及信息化教育专业人员经过了充分的思考讨论和综合规划，最终制定了学校的各种信息化建设方案，并予以推进与实施。

一、学校官网展示美 ·······················

　　学校官方网站是学校的在线窗口，某种层面上说，也是学校的一种形象展示。在 2014 年 9 月，南洋初高中共同迁入同一个"大南洋"的前夕，经过 1 个多月的精心筹备，初高中一体化新版网站正式上线。

南洋中学网站全面反映学校教育教学管理、师生生活和重要活动，既体现网站的规范性，又突出学校特点。南洋中学新版网站的开通，对全社会了解南洋中学、关心南洋中学、宣传南洋中学起到重要作用。

初高中一体化网站的设计思路是：首页引导页加上了高中和初中网站。首页引导体现了"大南洋"的思想，也是主站入口，将主要提取高中和初中网站中两个共有栏目的即时信息，即"南洋新闻"和"通知公告"，这两个栏目信息跟随初中高中网站自动同步。

高中主站是"上海市南洋中学"学校门户网站；初中主站是"上海市南洋初级中学"学校门户网站。一直以来，学校网站在对外宣传，功能应用等发挥作用，服务社会，服务家长，服务学生，服务教师。

2016 年十月，南洋中学迎来 120 周年校庆，校庆前夕，校庆专题网站也正式开通。同时，学校网站也全面更新为校庆版。

120 周年校庆网站主要设置校庆新闻、通知公告、校史长廊、校友风采等栏目，并专门设计了三大互动功能：校友查询、校友登记和校友留言。在校庆

图 1 南洋中学官网

新闻、通知公告、校史长廊、校友风采等栏目上，主要发布有关校庆的最新消息，通知公告以及南洋120年校史展示和著名校友风采展示等；校友查询，具有数据库查询功能，只要输入姓名和届次，就能查询到校友名录；校友登记，主要功能是将校友的一些信息报送给校友会，有电脑版和手机版两个版本，通过这个系统，学校能够收集到更多南洋校友的信息和联络方法；校友留言，对所有的校友开放毕业届别、联系电话，即可在校庆网站上进行互动，发表心声感言。通过审核之后会在校庆网站首页上滚动显示校友的留言。

二、学校官微宣传美

2014年伊始，南洋中学在新浪和腾讯分别开通了官方微博和官方微信。上海市南洋中学官方微博微信平台主要用于：学校宣传和发布校园新闻和教育教学工作、学校重大事件通知通告以及增强与社会的交往互动等，官方微博微信平台将成为除学校门户网站之外，又一个信息公开、宣传展示的重要窗口。如今，新媒体融合应用已经越来越普遍，微博尤其是微信正在通过最快最新的方式，宣传南洋中学办学理念和学校发展。微博、微信正时时处处在线宣传南洋中学的美。

三、南洋百年碑廊弘扬美

南洋中学百年碑廊，位于植善堂左侧，操场西侧，是一条古色古香的历史文化长廊，碑廊的尽头是南洋中学博物馆入口。在百年碑廊，展出了近百年来，诸多知名人士、社会名流为南洋中学的题词，共计一百余幅，老校友们都称学校百年碑廊是南洋中学的镇校之宝。为了使观众了解每块碑刻，我们在学校的官网上刊登了详细的介绍资料，包括每块碑刻的题词者、题词时间，以及题词背景等。同时为了方便实地游览与提高信息与科技含量，在每块碑刻旁边，我们贴上了二维码，游客走到碑刻前，只要拿出手机微信，扫一扫二维码，就能浏览到这块碑刻的详细介绍了。

四、南中博物馆多媒体传承美

位于中山南二路301号的南洋中学博物馆，是南洋中学的精神地标，这栋建筑始建于 1926 年，是徐汇区文物保护建筑。南洋中学博物馆在 2016 年学校 120 周年校庆前，整旧如旧。从背面看，青砖回廊，古色古香；从正面看，欧式建筑，大气辉煌。这里是展示南洋中学 100 多年学校办学和发展历史的博物馆，在博物馆修缮规划的时候，学校充分考虑美学和教育的需要，设置了 5 套信息化多媒体终端设备，分别是：临展厅综合信息屏、校史厅电子留言屏、影音时光留声机、学子馆信息查询以及教师馆名师风采等终端。当观众到南洋中学博物馆参观，首先映入眼帘的是临展厅的电子信息综合显示大屏，学校历史、学校新闻、学校风貌以及学校视频等可以点击触摸观看。在二楼校史厅，观众浏览学校校史之后，若要留言抒发感想，可以在一块电子留言屏上留下感言，并立即生成一张有南洋中学博物馆背景的照片，并可发送至邮箱。在二楼走廊，有一部影音留声机，观众在参观时候的感悟，也可以用语音录音、视频录像的方式，留给学校，学校定期保存，若干年后，参观者的音视频录像也将一直保留在博物馆，我们称之为"时光留声机"。在二楼教师馆，所有曾经在南洋中学工作过的教职员工，都在数据库中录入了照片和简介，校友回到母校的时候就能查询、查看到曾经教过自己的老师们。在一楼学子馆，每届毕业生的名册和照片，在触摸大屏上都可以点击搜索，还有比如年级照片，班级照片等，甚至有些学生个人的照片以及在学校参加社团的照片，都能在系统里面找到。

南中博物馆多媒体终端，充分利用信息化手段和方法，以电子数字化的形式记载与传承着南洋中学深厚的历史文化，给博物馆的展出陈列，展示了一种现代化的数字美。

五、校园电子屏传播美

校园电子屏是学校对外展示和校内宣传的平台，学校正门口有 P8（约 16 平方米）的电子显示大屏和操场 P6（约 18 平方米）的显示大屏最为常用。校园电子屏，也是校园文化展示的窗口，更是校内师生以及参访者最容易关注的。学校信息中心安排专人实时远程更新电子屏播放内容，传播校园文化之美。

平时，电子显示屏播放最新校园新闻、如遇节日节气，则播出庆祝内容，如二十四节气、烈士纪念日、五一劳动节、五四青年节、宪法宣传日等信息。即时内容方面，电子屏也会实时播放重要校内外活动。

图2　南洋中学门口的校园电子屏

六、院士大厅智能标牌推送美

院士大厅有两台电视机，每天定时自动开启，自动关闭，并通过物联网和全媒体融合技术，完成信息化智能数字标牌推送。

每天两台电视机会有实时电视新闻直播、欢迎屏幕、精彩照片展示，并且根据需要，互动显示来宾信息以及欢迎屏幕等。尤其值得一提的是，院士大厅智能数字标牌的操作非常简单，通过手机拍照上传或者编写内容，即可完成对电视机的全面控制，包括：开机、关机、发送照片文字内容、播放PPT、观看直播和点播视频等，并且可以按权限分配给不同人员执行上述功能。总之，通过智能物联网数字标牌的信息推送功能，使得学校宣传和校园文化推送得以更好开展。

此外，校园文化空间不可或缺的就是学校公共区域（如：教学楼走廊、学生宿舍、学生食堂以及各班级教室等），在学校公共区域，学校信息处通过各终端（如电视机、多媒体系统等）技术手段，播放教育教学，德育教育等内容，推送传播学校的美，与院士大厅物联网智能数字标牌在一个系统里面，学校完成了德育新媒体综合运用，通过数字标牌以及全媒体融合，传播推送着南洋中学的美。

伴随信息技术的发展，教育信息化建设已经受到人们的普遍重视。当前智慧校园建设在全国各地相继展开，对教育教学管理发挥着重要的促进作用。信息化水平是衡量一所学校现代化水平的重要标志，已成为学校实现可持续发展和提高竞争力的重要保障！一所学校的信息化环境建设，对于社会，对于师生，都有一种直观的体验与感受，并且会在日常工作生活学习中充分使用。

总之，信息化建设多位一体，完善校园文化，丰富校园生活，展示学校之美，有利于进行美育教育，我们在信息化环境设计方面，进行了有益的探索与实践，并将继续进行丰富与发展。

（陆栋樑）

校外环境建设

场馆课程中的美育

　　南洋中学在注重校内对学生美育素养培养的同时，也非常注重校外环境对学生美育的培养。而同为滨江的龙美术馆西岸馆作为一个颇具影响力的现代意义的公共文化机构，在向大众提供古今艺术、东西方文化作品的同时，也日益重视并拓展自身公共教育，深入思考美术馆教育的使命和角色。为此，上海市南洋中学文博社与龙美术馆公共服务部培训中学生作为公益志愿讲解员与引导员，提供中学生公益志愿讲解与引导服务。通过开展一系列的学生志愿活动，让来馆的观众更好的理解作品，感悟展品背后的历史内涵，拉近与艺术家的距离，同时也使更多学生从文化艺术中收益，普及艺术教育，在艺术与历史中走近美，感受美。

　　在这个过程中，南洋中学的老师和龙美术馆公共服务部做了很多准备工作。为了让学生感受到艺术的美，事先进行了培训，之后就是讲解上岗。同学们向到访者讲解了"向京·没有人替我看到""伦勃朗、维米尔、哈尔斯：莱顿收藏荷兰黄金时代名作展"，受到了观众的一致好评。

学生志愿者们还参加艺术家向京与 ELLE 主编晓雪的对谈讲座，加深对作品的理解。

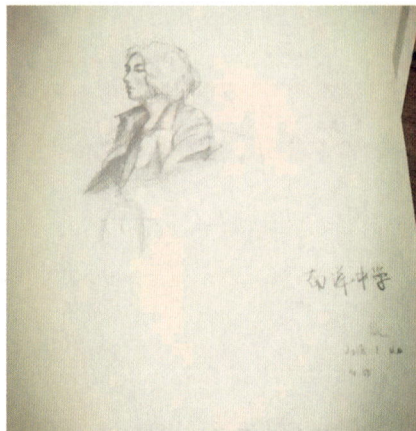

图 1　学生志愿者蔡雯佳送给艺术家向京关于作品和讲座的速写

艺术家向京对学生志愿者留言鼓励，学生志愿者也将明信片送给向京，表达了对艺术的理解与感悟。

图 2　学生与向京互通留言与明信片

美术馆最重要的是它的文化形象，教育功能和承担的社会角色。它不光是专业人士进修学习的地方，它是面向大众的，是公众对美的认知的启迪。

在南洋中学里，做过志愿者的学生们，纷纷写下了参观、了解龙美术馆的心得体会，而前来参观的观众，也因此更加感受到艺术作品背后的魅力。下文摘选几则感想如下：

当我跟着学校的志愿者进展听解说时，才发现早就看过的那面"大镜子"——《日侵蚀了夜，还是夜侵蚀了日》，在另一个角度可以照进整个十米高的大蜘蛛（一幅名为"妈妈"的作品）。这样作品的摆放正如解说员所说：有遥相呼应之美。其实本来的作品可能并没有这样刻意的设计，但镜体雕塑摆放在这，照到了蜘蛛，也如同照到了艺术家自己。"我的雕塑，就是我的身体。"艺术家不光表达出了自己，也让观众们感受到艺术的魅力。艺术之所以美，在于事物美的体现。

《歇斯底里之弧》整个呈圆形。肢体的舒展，内心情绪的喷涌，似乎要将不安、黑暗的情绪释放殆尽。这是一种将肌肉绷紧完全打开自己的一种姿态，是潜意识里渴望发泄和诉说的表现。拉康曾说过："潜意识是人类行为的源头，我们所有的感受，判断，分析和选择都源于潜意识。"所以，既然梦是潜意识的释放，那么我们所说的现实只是虚幻，梦才是真实的。灯光从作品正上方打下来，作品本身是柔韧有力的，它的影子却是纤细脆弱的，仿佛随时不能支撑自己，跪倒在地。我想，"歇斯底里之弧"——歇斯底里之后恐怕什么也不能得到，只有深深的无力感在空空的躯体里碰撞回荡。梦境还是现实？梦境亦是现实。

——夏慕义

留法艺术家们在20世纪上半叶远渡重洋在欧洲学习到了油画的技巧，但却也同时没有忘记国画之美，将油画和水墨相结合，将西方的精巧艺术与经典的东方美学糅合，开辟了一条新的中国艺术之路。

我们面对世界很大，所遇见的事情也特别多，但我们不可否认，其实这些都是很小很小的，而美也是非常小的，我们应该借由眼睛、借由心去感受这些美。感谢龙美术馆将这许多的美展现出其原有的色彩。

——倪彬

我曾有幸在龙美担任过一次讲解员，龙美这里有乐趣也有深度，每一次来似乎都能提高我对美的界限的认定与感知标准。站在我现在的眼光看来，我从前认为的美是狭隘与片面的。

我曾是一个血气方刚的少年，对于我来说美就是路上一位素不相识的美丽姑娘的一个回眸（或许不是对我），但那轻扬的发丝，明媚的笑或是别具一格的气质却总是可以使我心骚动，使我深深地满足；曾经我也认为机械那精密的齿轮，金属的光泽，具有周期性往复的声音是美的。

直到我来龙美术馆做讲解起似乎才有所悟。美，它不一定是具现的，也可以是较为抽象的，准确来说是一定程度上的无形，是一种可以感知，却又很难细讲的美。这种美一样能涤荡人的心灵，让人脸上不自禁浮起满足的笑。

——龚衡

龙美术馆不单单仅限于其作品的美。因为担任志愿者的缘故，我也感受到了来自工作人员给我们的美。他们对人亲切，在有人参观时礼貌性的回答，以及良好的服务，我都感触颇深。在 VR 展厅的一个工作人员，根据交谈，他的英语其实并不算好，但在接待外国友人时，他手嘴并用，尽力让他们明白他所要表达的意思，并且同时他也在不断学习英语，并没有因为这点困难而逃避，这让我感受到他们的敬业。

而即使感到炎热，他们也身着一身笔挺的西装，对待参观人员温和有礼。

在这里，艺术之美，敬业之美都能被一一发掘，对于美的感受，每一次，似乎都能找到一些新的不同。

——周玥莹

在真实的场馆中感受艺术之美，让学生的心灵获得启迪，并向大众传播美，分享美。这样的志愿者活动，我们会一直继续下去，希望更多的同学能受益。

（楼佳如）

社会实践中的美育

百年来南洋中学一脉相承的民族精神和民族气节教育，不是挂在墙上、写在纸上的教条，而是学校引领学生内化于心、外化于行的追求。多年来，学校利用校内外场馆资源，城市资源，社会资源让学生浸润在社会实践中，感受自然之美、生命之美、城市之美、国家之美，引领学生受到民族精神熏陶、传播民族精神。这些都是南洋中学润物细无声地落实美育工作的有效举措。

资源整合共享，馆校合作共建，一直是南洋中学传承红色基因、开展社会实践工作的有效载体。挖掘馆校双方的爱国主义教育资源，发挥社会资源的教育优势，通过合作开发课程，形成区域化共建等模式，让学生在实践中感悟民族大义之美、提升家国情怀。同时依托南洋中学"中国系列"课程的开展，形成学校教育、家庭教育和社会教育三项结合的有效育人体系，为青年学子扣好人生的第一粒扣子。"中国系列课程"——以学校《知行中国》为例，以知识学习、情境体验、实践感悟三位一体的美育模式，带领学生走进历史、走近红色南洋，以讲故事、参观实践等形式，让学生"知"之甚广：通晓南洋中学的历史之美。让学生"行"之有效：培育学生家国情怀、民族自觉，传承历史和文化，具有健康的心理、健全的人格、强烈的进取心与责任感。设境导学，立德育心，南洋的"中国系列"实践，将继续探索美育新模式，发挥资源互补优势，让学生在学习中体验，在情景中感悟，在实践中传承。

一、军政生活，家国之美孕育爱国情怀

2017年南洋中学获评全国首批国防教育特色校，作为"上海市实验性示范性高级中学"，学校一直坚持以国防教育为载体，让学生在军政生活中，看到国家之美，孕育师生的家国情怀，感悟身上的责任担当。从而进一步提升学校教育教学质量和办学品味，形成了"鲜活、多样、厚重"的国防教育特色。

为了激发学生的国防意识和爱国情怀，学校每年坚持邀请部队教官、上海百老团的将军，与孩子们分享自己亲身的经历、深邃的思想，通过国防教育专

题报告，讲述革命战争故事，让同学们感受到国防意识的丰富内涵，自觉地接受爱国洗礼，深入内心。

每年高一新生的军训工作、入学教育仪式、主题班会活动、"国旗下的讲话"、"五四"辩论赛等，以热爱祖国、建设祖国为主题的征文比赛、演讲比赛、读书活动及元旦联欢会、暑期夏令营、校园文化艺术节等，都成为国防教育的一部分。通过活动的体验和参与，对学生起到潜移默化的教育作用，使学生明白，没有祖国强大的国防就没有今天的幸福生活，既培养了他们积极进取的人生态度，又增强他们的爱国之情和报国之志。

二、馆校合作，生命之美升华生命敬畏

学校的美育工作与场馆资源有着相互衔接、相互支撑、相互促进、优势互补的关系。南洋中学与侵华日军南京大屠杀遇难同胞纪念馆、上海公安博物馆、龙华烈士陵园等爱国主义场馆，多年来长期保持着合作关系，通过挖掘学校历史、文化和教育理念与校外场馆资源的契合点，引领学生在场馆中，寻找和感悟生命的价值和意义。

2019年3月，南洋中学与南京侵华日军南京大屠杀遇难同胞纪念馆正式签署馆校合作协议。馆校间的合作其实已走过20个年头，从20世纪末开始，一批又一批的南洋学子前往南京开展爱国主义教育实践活动，参观纪念馆、祭扫校友烈士朱少屏、上微型团课。通过祭扫、寻访等形式，传承英烈精神，感悟生命的力量。在南京菊花台九烈士公墓前，用花束寄托对校友朱少屏的哀思，宣誓做合格南洋学子；在侵华日军南京大屠杀遇难同胞纪念馆前，坚定强国之情、振兴中华之志。

2019年11月，学校与龙华烈士陵园纪念馆正式签署合作共建协议。每年的清明时节，南洋学子都会携花前往龙华烈士陵园，在青葱的陵园丛林之间，在高矮交错的围墙之下，师生肃立于校友烈士严庚初、童桂华烈士墓前，举行祭扫仪式，寄托哀思。风雨不忘的仪式教育，中华传承有我，既是一份追忆，更是一份责任。2019年开始，南洋中学整合各类校内外德育课程和馆校合作资源，逐步推进"中国系列"课程建设和实践。以学校《知行中国》为例开展的"中国系列"课程建设实践研究，已经成功申报成为上海学校德育"德尚"系

列的重点立项课题。为更深入学习贯彻习近平新时代中国特色社会主义思想和党的十九大精神，推进习近平新时代中国特色社会主义思想进教材、进课堂、进学生头脑。2018 年 1 月，在与龙华烈士纪念馆的共同合作下，南洋中学"研究和贯彻习近平新时代中国特色社会主义理论研讨班"正式开班。在"研习班"的基础上，通过南洋中学的"中国系列"课程的发展，进一步推动习近平新时代中国特色社会主义思想进教材、进课堂、进学生心灵。2019 年 5 月，在纪念五四运动 100 周年、迎接上海解放 70 周年之际，南洋中学教工团支部书记徐恺成老师在龙华烈士陵园的红色讲堂，以南洋君子的龙华记忆为主题，用丰富的史料、动人的故事，向同学们展现了南洋君子的信仰与风范，鼓励新时期学子担当兴国重任。

学校和公安博物馆也有长期合作，已经开展了一系列卓有成效的生命安全教育活动。在生命安全教育周期间，学生进入公博馆参观，寻找生命之美。结合学校的专题教育和避险演习，体悟守卫、保护生命的艰难和辛劳，关注安全、珍爱生命；体会法律的尊严，生命的价值和意义。每年学校都会输送市、区级优秀学生干部前往公安博物馆，接受志愿讲解员培训，在馆志愿服务时间普遍达 50 小时以上，均能进行通馆讲解，讲解稿达万字。这是学校和场馆坚持了多年的实践性课程。

三、学农实践，自然之美践行知行合一

每一届的高二学子，都会积极投身于学校精心组织的学农实践活动中。从城市的校园生活来到了陌生的学农基地，同学们都会被原生态的面貌所吸引，眼里充满了新奇与兴奋。学农实践活动是一次探寻自然之美和体验农耕实践的平台，也是学生实践和检验书本知识，培养团结协作、自主能力的契机。学生们在农耕生活中能收获美和快乐。

在现代化农业园区中参观，全自动的灌溉系统、洁净整洁的机器、无菌的操作环境、细致的科学操作使同学们对于现代化农业有了进一步的认识。不同于往日印象里农业的朴素与辛劳，学生更多地亲身体验了农业的进步，随着国家的发展，科技的革新，中国作为农业大国，对于第一产业的重视使农业得以改变转型。在学习扦插凤梨花苗的过程中，学生学习到了应该如何关怀备至地

照顾花苗，也在研读材料的过程中，体会到了新时代的新农人将不断奋斗、不断学习的精神贯彻终身。现代农业的循环利用、节能环保、自主优化的性能让学生对"绿色农业"有了深刻的体会，做到雨水都足够灌溉暖室的所有花苗。

在农园中亲身体验，探索种植的技巧，也让学生充分感受到从事农业的不易。听着果园的工作人员将细心呵护桃园的过程细节娓娓道来，大到每一亩果园种植多少棵桃树，小到路边的薄荷，除虫菊，从务农中体现了果园农人对于极致的追求，同学们也深受感动。在果园研学教室里，大家一起学习和培养不同菌种，对酵母菌，乳酸菌等进行了镜检。泥土中微生物对植物作物的作用让同学们为之惊叹，分享着从显微镜中观察到的生物之美。穿上鞋套，戴好手套进行有机肥制作。同学们也充分发挥出不怕苦不怕脏的精神，不娇气，不推辞，各个拿起铁铲，扛起物料，互相合作分工，将制作成功的有机肥覆盖土壤。

图 1　学农实践

在亲身制作木版画的过程中，学生加深了对木版画优秀传统文化的自豪感和自信心，提升自身的审美能力和艺术素养。细心的雕刻锻炼了学生的耐心与毅力，对日后的学习生活也始终受益，当看着自己亲手刻的线条由歪歪扭扭逐渐变得有模有样时，当欣赏自己亲手印制出的木版画时，心里都升起前所未有的成就感。

学农社会实践之美，在于居安稳而思辛劳，坐逸乐而思困苦，使意志得到磨炼，使思想重新回归，懂得感恩自然的馈赠，激发生命自觉，收获成长的幸福。从传统农业到现代化农业，从课内的地理生物知识到农业知识，从理论到实践。同学们在学农课程中所习得的崇尚劳动、尊重劳动的精神内涵，内化成了自身认知的更进一层。

四、城市寻访，城市之美砥砺矢志奋斗

青春的生命要在行走中观察，在观察中反思，在反思中成长，在成长中感动。每年利用寒暑假的时间，学校团委都会组织学生以团队的形式寻访城市地标，用脚步丈量城市的温度，用眼睛寻找城市的魅力，用心感受城市的奋斗。

上海石库门屋里厢博物馆，是海派文化的起源和集聚地，红青相间的清水砖墙，厚重的乌漆大门，雕着巴洛克风格卷涡状山花的门楣，独具风情。不论是中西合璧的建筑，还是传统的里弄情深的生活方式，都让学员们感受到了海派文化开放的特性，和海纳百川的包容力量。上海的中共一大会址是共产党成立的地方，是共产党的根脉。一张张历史老照片和一个个光辉的人物名字无不在述说着那段峥嵘岁月、那段开天辟地的时刻。他们克服千难万险，掀开了近现代中华民族渴求复兴的道路的新篇章。在上海的四行仓库，遗址墙上满目疮痍，弹孔依旧可怕地留在上面。那次保卫战的成功，重新振奋了因淞沪会战受挫而下降的中国军民的士气，亦打破了日本短期消灭中国的企图。走过先辈曾经走过的道路，城市的红色地标镌刻着历史留下的遗憾之美，也带着未来人砥砺奋斗之心，凝聚成砥砺奋斗的信念和旗帜。

南京，联通南北的通衢要道，是千年文化积淀的六朝古都，也是民族伤痛的见证之地。人头攒动的夫子庙、南京博物院、总统府……每年的 3 月，在南京街头巷尾，南洋学子也会用寻访和考察的方式，传承家国情怀，寻找在民族危难之际所散发的荣光，铭记这座城市的历史国殇。

2019 年 7 月 8 日—7 月 12 日，学校学生会主席沈津雯同学，作为优秀学生代表，参加了由徐汇区教育局举办的从石库门到天安门的红色研学活动，一

图2 学生参加红色寻访活动

路深入海派文化，见证上海历史变迁，重走中国复兴之路，体验南泥湾大生产，感受北国的深厚人文底蕴，边走边学，边走边想，在体验中学习，在学习中成长。研学归来，她也写下自己的体会：5天的研学旅程虽然结束了，但新时期学子的传承革命精神，延续红色基因仍在继续。习近平总书记曾言："共和国是红色的，不能淡化这个颜色。无数的先烈鲜血染红了我们的旗帜，我们不建设好他们所盼望向往、为之奋斗、为之牺牲的共和国，是绝对不行的。"作为新时代的青年人、南洋学子，我们不仅仅要延续革命火焰，更要继承先辈的牺牲精神、奉献精神，让我们每一个人在每一个领域、每一个岗位，都能够书写属于我们自己的历史。传承红色精神、延续红色基因，让红色延续下去，我们任重而道远。

（赵卿）

公益劳动中的美育

　　结合高中阶段学生的心理特点和成长需求，围绕高中学生社会公益劳动的多样形式，结合社会时代发展的特点，南洋中学致力于培养学生的综合素质，在开展志愿服务（公益劳动）的过程中，无论是从形式上还是内容上，都力争把"五育"并举作为核心工作，以立德树人为引领，关注青年学生的成长特点和价值愿望，找准与青年学生思想、审美的共鸣点，整合校内外资源，搭建更贴近青年学生、更能激发学生领导力的实践平台，开辟青年学生乐于参与的志愿服务（公益劳动）项目，积极推进理念创新、手段创新和内容创新。

一、艺术公益，贴近学生多元需求 ·····················

　　校先后整合建立了包括上海市公安博物馆、上海昆虫博物馆、上海航海博物馆、余德耀美术馆、龙美术馆、宛南实验幼儿园、斜土街道、龙华街道等涵盖公益机构、社区里委在内的十余个签约的志愿服务（公益劳动）基地。同时编制个性化的学校志愿者服务手册，形成了三大类志愿服务（公益劳动）课程。除了全员参与性课程（让学生最大程度体验不同的公益劳动项目和岗位，积累经验，增强责任感，培养创新精神）和高层次课程（获评校级以上三好学生必须参与的标杆性示范项目）以外，学校还因地制宜地开设了专项化课程。学生可根据自身特长，以特色才艺展示的方式参与培训，制定个性化志愿服务（公益劳动）课表。例如龙美术馆的志愿服务团队，是由学校古风社社员共同参与组成的一支专业化新兴团队。学生志愿者们经过前期的参观、培训后，需要自行搜索相关展览的背景资料和展品介绍，经过自己的消化和整理后，利用周末时间正式上岗讲解。学生在馆内研读分析作品，并在学校社团课程中就作品进行一等系列的课题研究，以期更好地扩大馆校合作项目的内涵和外延。

　　学校文学社的成员们，会自主地走进巴金故居，做一天的志愿讲解员，回忆一日的巴老过往，体会一刻的文学之美。1923 年，年轻的巴金由蜀入沪，到南洋中学求学。南洋中学是国人创办的第一所西式学堂，沪上名校。巴金与其兄弟报考顺利，成为南洋中学初中二年级的插班生。求学期间，巴金文学创作不辍，发表了《一生》等诗作。南洋中学百年校庆之际，已久坐不能动笔的巴金坚持提笔为母校题词——"百年树人，素质第一"。字里行间饱含对母校的尊重与怀念。走进位于武康路的巴金故居，半个世纪以来，这座小园留下了巴金先生深深的足迹，见证了巴老后半生的风风雨雨。展台里陈列了大大小小、五颜六色的勋章与证书，平铺着巴老与友人往来的书信手札和作品摘录。书房中摆放着一些旧物和写作时的桌椅。勾勒出作者巴金的生活点滴。"庭有枇杷树，吾妻死之年所手植也，今已亭亭如盖矣。"这句话是学生在细细揣摩巴金故居后留下的最初印象。两楼的洋房里满是巴老与妻子生活的缩影，拳拳爱意，令人感叹。更让人惊讶的是巴老的藏书之多，想来也是文学巨匠的生命之渊。学生志愿者在完成了一天的讲解任务后，也不禁留下感慨：最让我记忆深刻的还是巴老后院的那条青石板铺就的小路。站在"阳光间"，望着它，闭上眼睛幻想着，在多年前的某个下午，巴老是否会背着手，独自在这条林荫小道上踱步呢？在那时，有一缕阳光会从树叶的间隙中悄然洒下，笼住巴老的身影。而巴老，则在这里创作了一部又一部著作。如此伟大的作家却在简陋老式的缝纫机上工作，让人感到既敬佩又亲近。此番走访对同学们来说是一次很好的亲近巴金，在情境中接受教育的机会，也是学习巴金老人说真话，做真人的机会。

　　学校的合唱社和器乐社的学生，会自发来到瑞金医院的钢琴角，十指在琴键上弹动，在夹杂着来往人群的喧闹大厅，学生志愿者们和着音乐的浅唱低吟，为冰冷的冬天和医院带去更多的温暖和感动。

　　每年的寒暑假，学校古风社的成员都会参加由龙华街道、上海京剧院联手主办的"小京继人"国粹艺术传承主题活动。高中生们在公益劳动中接过国粹传承之棒，肩负起传承国粹艺术的责任，增进对国粹艺术的了解与认识、喜爱与模仿、学习与参与，让学习京剧知识与艺术互动融为一体，营造中华文化传承的良好氛围，为振兴中华优秀传统文化，增强民族凝聚力和民族文化自信做出自己的一份努力。

　　每年的六一前后，南洋中学的雪狼篮球社和体育舞蹈社的成员们就来到宛南实验幼儿园，和小朋友们共赴"六一之约"。在艺术互动中度过一个充实而有意义的午后。志愿者们穿上熊本熊与皮卡丘的卡通服装，唱起一首首童谣，活跃的小朋友们和高中的大哥哥大姐姐们一起载歌载舞，引得现场观众纷纷送上掌声。

在游戏互动环节，小朋友们也在学习着团结合作和互相鼓励。高中生志愿者也会把中华传统文化教育放入最受小朋友欢迎的卡通故事中，通过生动有趣的小品表演形式，引导小朋友们学会诚实守信、互相谦让和尊师爱幼。

二、专业发展，聚焦学生生涯规划

艺术是个人的，也是众人的，每个人皆可以发现隐匿于身边的那些美。在学生自主报名参与传统志愿服务（公益劳动）项目的基础上，学生以特色才艺展示的方式进行志愿服务（公益劳动）已成为自然。比如，有文学特长的学生走进巴金故居；有音乐艺术特长的学生走进瑞金医院，为病患弹奏钢琴；有足球特长的学生参与中超联赛上海体育场志愿服务（公益劳动）；古风社学生参与大型活动的茶艺表演等项目也已经坚持多年。学生在社会实践、志愿服务（公益劳动）的过程中更多地认识和探索自身、体验不同职业特点、关注并了解社会发展需要，不断思考和明晰自身发展的道路，理智地寻找自己的学业指向和职业生涯规划。学生志愿者们认真、切身感受着艺术工作者专业的辛劳，学会引导游客找到最合适的参观路线，热情耐心地讲解艺术展品背后的故事，耐心地维护场馆秩序，志愿者们充分发挥自己的艺术专长，在前期培训过程中，人均背稿 1 万字左右，认真搜索关于每一场展览的作者介绍和展品背景，向游客提供服务时，从最初的羞涩胆怯到现在的驾轻就熟，这一份投入和专注，也是学生最骄傲的收获。

在美术馆中，南洋学子们化身成一个个普通的检票员、导览员，抑或是前台寄存员，虽然在初上岗时，从未接触过刷票、撕票、盖章、寄存游客的随身物品等工作令志愿者们感到手忙脚乱，但很快也得心应手起来，且在这种重复单一的工作中找到乐趣，在简单的工作中做到有条不紊，向游客提供服务也从最初的羞涩胆怯到现在的驾轻就熟。2017 年余德耀美术馆志愿者写下这样的感言：

从春天迈入盛夏，在长达 5 个月的时光里，在每个美术馆度过的早晨和黄昏成了这半年最美的风景。从 3 月的《始于终点》展览、周力的《白影》展览到 8 月周铁海的《必须》展览、马思·巴斯的《蜿蜒之门》展览，每位南洋志愿者都融入了一份他们对于艺术的追求和感悟。

从盛夏走向初秋，每年暑期的爱心暑托班里都是南洋人的一波"高温"回忆。带着低学龄的小朋友唱歌跳舞，做手工，学绘画，这些工作虽然很简单，但也深刻体会到了为人师表的不易。与更小的小朋友们相处时，有汗水也有欢笑，当小朋友闹别扭时，要做到耐心开导；当他们开心分享时，要学会细心聆听；当他们热情问好时，要学会积极回应。志愿服务的快乐其实很简单，用心付出，用心感受，也用心回应，就是快乐和收获。

三、与爱同行，以美寓德塑造人格

经过学校的"五育"并举工作，学生综合素质的培养和提升，不仅仅体现在学分和学时上，更多的体现在学生在对美的感悟过程中内化于心、外化于行的追求和体悟。

学校每年固定招收的校内志愿者，包括学校博物馆讲解员、校园景点讲解员、军政训练助理、校友返校日志愿者、牵手初中学校农民工子女志愿者等多个项目。此类志愿服务虽不被记录在学生的综合素质评价体系中，但充分发挥了志愿服务精神的辐射作用，也是学校开展德育课程的有效尝试。

完成校友返校日的接待工作后，有学生志愿者在留言录中这样写道：

如果不是亲身参与到学校文脉的讲解中，我想我永远无法真正体会到南洋中学是如何从"科教救国"走向"科教兴国"的。过去的我只知道南洋中学的校园很美，现在的我真正领悟到南洋的校园因何而美。我们曾在先驱园的烈士雕像前举行庄重的烈士祭扫仪式，那时的我感受到的是一种民族气节和南洋精神，今天当我以引导员的身份站在先驱园介绍十烈士事迹的时候，我忽然感受到了身上满满的责任，即使在和平年代，作为南洋学子也理应拥有一份"为国桢干，为天下肇和平"的胸怀。

南洋中学的志愿服务遍布各个街道、各个地点。

在斜土街道的托班里，创意手工制作是小朋友最爱的活动，高中生志愿者们大手拉小手，一起做碎纸浮雕、环保手工制品、垃圾分类扇面设计，他们以自己的耐心和细致，帮助孩子们完成了饱含纯真奇思妙想、天马行空创造力的作品。高中生们和小朋友还有老人们一起制作手工艺品，一手托着半成品的小鲸鱼，一手拿着小刀划花纹，静下心来，做一个老人们回忆中的小物件，孩子们从未见过的新鲜玩意儿，居委会的活动室里也充满了欢声笑语。在龙华街道的居委会里，志愿者们擦拭垃圾箱，协助垃圾分类，分发垃圾分类报纸，精心设计主题黑板报，组织创意画扇子、趣味折纸、指尖陀螺等活动，不怕脏不怕累，身体力行地宣传垃圾分类新时尚。志愿者们也亲身参与到京剧、越剧文化传承工作中去，参与《梁山伯与祝英台》《孔雀东南飞》等著名越剧曲的演出和京剧普及工作，与国粹使者对话，感受传统文化无与伦比的魅力。

图1　昆虫博物馆志愿服务

任刮风下雨，寒暑交替，昆虫博物馆都可以见到南洋学子的身影。他们怀着热忱、爱心和责任感接待前来参观的大小朋友，与他们一起探索昆虫世界的奥秘，感叹大自然神奇的造物能力。制作蝴蝶标本是最受小朋友欢迎的活动，而志愿者们就是小朋友的手工老师。他们帮助小朋友们清晰辨认蝴蝶的各个部位，耐心的讲解标本制作的步骤，指导他们撕下蝴蝶翅膀，粘贴在卡纸上，并且亲手塑封好交还给小朋友。每每完成标本，看着小朋友天真的笑容，得到家长的一次次肯定后，志愿者们都无比喜悦。他们通过服务他人自我修行，自我成长，收获了无与伦比的成就感，传递着满满正能量。

　　南洋的志愿服务团队也会前往瑞金医院的儿科病房探望那里住院的孩子，给正在与病魔进行抗争的他们带去阳光和欢乐。学生们会准备魔方和折纸，教小朋友们折千纸鹤。学生们说千纸鹤是幸福的象征，也衷心地祝愿孩子们能够早日康复，远离病痛的折磨，回到属于他们的家园，幸福地成长。在相处的过程中，学生们看到生命的脆弱和坚强，也渐渐地感受到了孩子们身上所散发的纯真和活泼。

（赵卿）

CHAPTER 02

第二章
渗透融合，构建学校美育课程

学校艺术课程

音乐教学

　　艺术教育是素质教育中最为主要的部分。面对艺术教育全方位、多角度、重素质的时代特点，南洋中学在艺术教育方面的工作一直贯彻上海市教委、徐汇区教育局所注重的素质教育精神。为进一步深化教育教学改革，让立德树人的根本任务和"五育"并举的目标真正落地，南洋中学近年来坚持知行并进，全员、全过程、全方位开展艺术教育，推动学校艺术教育的发展。

一、领导重视，机构健全

　　学校艺术教育管理结构清晰，确立了专项目标、专人负责、分工协作的模式，促进学校艺术教育制度化、规范化的发展。高中副校长、初中校长周英傕分管艺术，实现初高中一体化发展；教学处詹丰老师牵头、协调，朱震宇老师担任艺术总指导。全年的艺术教育工作有计划、有小结、有实施方案，文字音像资料齐全，为创建区艺术特色校打下扎实基础。

二、措施落实，普及面广

学校按市教委有关规定开齐、开足音乐、美术、艺术课，确保每周有 2 课时的艺术类活动课，拓展研究课涉及舞蹈、戏剧、合唱、器乐、茶艺、篆刻、建筑等多个门类。

为了拓宽学生的艺术活动渠道，学校定期开展各类艺术活动，普及全体学生。学校有健全的"三团一队"，艺术类学生社团共计 11 个，包括：合唱社、室内乐社、电声乐社、吉他社、新民乐社、动漫社、书画社、茶艺社、戏剧社、摄影社、舞蹈社。每年社团招新都是学生争相参与的"宠儿"，2019 年艺术类社团总人数逾 400 人次，占学生总人数 40% 以上。经常参加京剧进校园、文艺汇演、艺术沙龙等艺术类普及活动的学生人数达 90% 以上。

学校每年举行校艺术节。单项比赛包括："南洋好声音"、舞蹈、器乐、书画、摄影、合唱五大类以及若干小类。"班班有歌声"合唱专场，师生 100% 参与。单项比赛获奖节目，在迎新文艺汇演上进行全校汇报演出，戏剧社年度大戏也同时登场。

（一）器乐特色

有句话说得好：强将手下无弱兵，一支优秀的团队得益于一个优秀专业的指导教师。我校的艺术总指导员朱震宇老师的主修专业就是小提琴演奏及钢琴演奏。同时他在校外又兼任很多上海知名民间艺术团体的艺术总监和首席指挥，在乐队管理和排练方面可以说是有着非常丰富的经验。

我校一直非常重视艺术教育，特别是对学校的器乐特色有较大的投入。随着新的一轮强校工程的建设，我校在一体化办校、集团化办校的政策支持下，艺术方面也得到了大力的支持。我校的初中有着一支特色的管乐队，近几年，随着优质师资力量的补充，团队水准有了较为明显的提升。随着时间的推移、统筹化安排与布局，这些器乐方面有特长的初中生未来将能成为我校高中乐团的新鲜力量。

图1 学生乐队参加艺术展演

　　我校一直以来有一支编制较为完整的小型室内乐团。乐团在朱震宇老师的带领下，有着非常系统的排练要求。近年来，我校的室内乐团成员在丰富的排练、社团活动的熏陶下，有很多社团成员毕业后考入了专业音乐高校。周可人同学如今已成为上海知名的青年音乐剧演唱家；眭逸凡同学获得了伯克利音乐学院的毕业证书；陶梓嘉同学以优异的成绩考入上海音乐学院音教系；吉雨婷同学成为华东师范大学Viva合唱团的钢琴伴奏，陆佳怡同学则被评为上海师范大学音乐学院打击乐专业的优秀学生……这些都是近几年来我校器乐社培养出的优秀人才。我校器乐特色项目完全走着自己的特色，因地制宜地开展活动。我们既有传统的古典室内乐，又有新鲜的流行元素，更有中西合璧的完美融合，可谓是百花齐放、百家争鸣。

　　我校器乐项目的定位不与其他学校相冲突，我们通过挖掘自身资源，积极创新，走出一条可持续发展的道路。通过这样定时、定点，有目标、有内容的排练，使学生对乐队训练产生浓厚的兴趣，在进行技能训练的同时又能进行艺术理论学习，并感受到一些曾经没有接触过的艺术类型，丰富了学生的艺术修养。

（二）合唱特色

南洋中学合唱社团成立于 2010 年，成立至今，已经为学校获取过很多的荣誉。社团成员主要由学校合唱团组成，同时还吸纳了一些平日热爱唱歌的小小艺术家们。合唱社如今能够拥有那么多粉丝也正是因为学校对于合唱这个艺术形式的重视。

合唱作为最为普遍的校园艺术形式，已经在很多学校开展，南洋中学艺术教育方面最为重视的就是"合唱"。继 2010 年开始被连续评为徐汇区"合唱"特色项目学校起，我校不断发展校园合唱文化，坚持把合唱训练渗透到艺术课堂中，渗透到各个班集体中。以一个教学班为一个小型的合唱队，开展"班班有歌声"活动，其中我们还开展过以一个年级为单位的大型合唱队，参加市、区级的大合唱活动。近几年，我校大力推广"南洋好声音"艺术节单项比赛。从点到面，开展全校的歌会活动，全校师生积极参与。

图 2　学生参加合唱活动

这些年来，随着二期课改的实施，素质教育不断得到重视，提高学生的艺术素养，树立正确的审美观念被教育界放到了空前的高度。我校在这一方面积极响应，为了确保有更多的时间可以排练，我校不断挖掘潜能，将研究性拓展性课程改为高一高二统整课程，这一改变大大提高了合唱队排练的完整性。

同时根据比赛、活动的需要，周五社团还会加练，为的就是能够更多更好地磨合。

朱震宇老师研究理论知识，不断钻研，寻找一些适合中学生演唱的歌曲，翻阅中外合唱资料，搜索中外经典合唱乐谱，更加注重的是学生们的兴趣培养。

南洋中学合唱社挖掘校园中的南洋好声音，给予所有热爱音乐的同学一个展示自己音乐才能，同时提高自身音乐素养的舞台。社团推陈出新，推出许多丰富的活动，使音乐丰富同学们的课余生活，陶冶同学们的情操，也让音符充满校园的每一个角落，增添了学校的气质。学校之文脉与音乐之优雅相得益彰，组成一幅让人心旷神怡的画卷。通过专业的发声练习和艺术熏陶，社团逐渐发展成为校园中一道既具有专业素养，又富含人文底蕴的亮丽风景线。

三、教育教学特色

（一）创设艺术备课组

南洋中学艺术备课组成立至今已有四个年头了。今年我们备课组迎来了一位新成员——美术老师谢怡青老师。谢老师虽然刚入职，但是教学能力和学术基本功非常扎实，两位艺术教师对艺术领域的认知与理解有很多共通观点，这对于今后的工作开展起到了非常积极的作用。两位教师分工明确，朱震宇老师以音乐为主，谢老师以美术为主，两人默契配合，带给学生艺术的美感，让学生在校园中创造艺术的美感，同时带给他们正确的审美观，一同感受美的事物。

回顾近些年的点滴，在学校领导的关心下，综合教研组组长董丽萍老师的指导下，以及我校学生与我们共同的努力，我校的艺术教育工作有了很大的起色。我校围绕着丰富学生课余生活的目标，从教师到学生，从社会到家长，对艺术教育有了新的认识，学校基本形成了艺术特色教育的氛围。学生艺术水平、欣赏能力、创造能力都有了很大提高。

（二）艺术活动多姿多彩，校园文化蒸蒸日上

艺术备课组除了发挥集体备课的优势之外，还要共同研究如何在我校开展

一定数量、一定特色的艺术活动，丰富学生、老师们的校园生活。

我校在每周常规艺术课的基础上，为了拓宽学生的艺术活动渠道，额外进行一定的课外艺术活动：如每周二的研究型拓展型课程；每周五中午，师生共同参与的音乐沙龙、音乐欣赏活动以及各艺术社团的排练活动；每年一次的校艺术节各项艺术比赛；每学期的"班班有歌声"唱响我们心中的歌、南洋好声音；校园书画大赛、画出你心中"最美的人"、"你心目中的校园"动漫比赛、"电影海报制作"系列比赛等艺术类活动。每年的校庆、迎新晚会、高三毕业典礼等大型的文艺演出都来自平时对学生的艺术熏陶，同时也是给学生自我展示的一个舞台。通过逐年积淀，形成具有明显本校特色的艺术传统项目。

（三）创造特色，成绩突出

学校积极组织学生参加市区级艺术活动、竞赛。2018 年获上海市中小学生茶艺交流展示活动点茶比赛中学组一等奖、2019 年获上海市中小学茶艺交流展示活动茶席比赛"最佳茶韵茶席奖"。学生个人获区级艺术单项，西乐、钢琴等多个单项二、三等奖。

学校合唱、室内乐队为区艺术特色项目，具有较高艺术水平。合唱团曾获市、区学生艺术节合唱专场一等奖，室内乐队在区级艺术单项赛中始终是主力军，成绩突出。

2018 年，学校启动《设境育人　以美感人》一书的编撰，作为学校艺术教育反思、提升的有效途径。同时，艺术教研组已编写完成《乐理小知识》《音乐趣谈》《音乐风》《音乐与生活》等自编教材。

四、人才储备和培养

我校认真贯彻执行上海市教育局、徐汇区教育局的若干艺教文件精神，积极响应上级行政部门对我校的艺术教育教学指导，努力做好各项艺术教育活动及艺术活动的开展。我们不仅努力增强管理意识和业务能力，加强对课堂教学质量及艺术活动过程和学生参与情况的评估和监控。同时也加强学校美育活动的开展，保证艺术教育经费的有效投入。根据学期工作计划和安排，学校由专人制定必要的学期或学年艺术教育专项经费预算，加强特色项目的教室硬件配备，提高现代化艺术教育所需的配置，积极组织教师、学生进行一定的艺术展演的观摩和欣赏活动，旨在提高教师与学生艺术方面的业务水平以及提升个人的艺术修养。

五、评估奖励，组织保障

学校对艺术教育给予足够的人力、物力、财力支持和保证。每年都在艺术教室硬件设备、师生艺术展演观摩活动等方面投入一定经费。2019年，学校申请了创新实验室专项经费，建成国学教室，作为茶艺、篆刻、昆曲等活动基地。

学校按要求配齐合格的艺术教师，初高中目前各有2名艺术教师，有一支事业心强、业务水平高的艺术教育师资队伍。艺术专职教师确保五年内100%赴国内外进修。同时，学校鼓励聘请校外专家定时到学校开展专业指导、授课。学校与上海市文联、上海京剧院、上海交响乐团等专业文艺团队长期保持合作共建关系。

学校师训课程中，艺术教育也是重要的组成部分，注重教师人文素养的不断提升。同时，将教师艺术工作实绩作为考评、奖励的依据，设有"上海市南洋中学原定奖励基金""上海市南洋中学金钥匙奖学金"，分别对师生艺术方面的贡献与成绩进行奖励。学校注重艺术科研工作，有市级艺术类课题《高中美育课程与其他学科融合的实践研究——以南洋中学美育课程体系为例》。

（朱震宇）

美术教学

学校美育课程的构建对美育工作的开展至关重要，国务院办公厅《关于全面加强和改进学校美育工作的意见》明确提出："美育是审美教育，也是情操教育和心灵教育。"学校实施美育教学的途径主要是美术课堂、美术实践和考察活动以及在其他学科中的兼容并包，以此来培养学生的审美感和创造感。美术学科教学是美育课程的关键组成部分，对学生的美育培养也在美术课程实施的过程中渗透融合。本文主要结合笔者的教学经验与学校当前的美术课程建设，就美术课堂的创新鉴赏教学、美育视角下的美术课堂、昆曲特色的美术课堂以及基于学校的地域优势给审美活动带来的便利做如下探讨。

一、引导与互动模式的创新鉴赏教学 ·······························

美术鉴赏课在培养高中生审美能力的同时，还能够陶冶其情操，引导高中生将艺术之美渗透到内心中，融入生活中，形成对美的正确认知。相对于旧式的灌输式美术鉴赏课而言，加入了引导与互动的鉴赏课是一种动态的教学模式。

高中生具有充分的自主学习意识和丰富的知识面，因此在美术教学活动中也应当充分体现出其课堂主体性。为了凸显学生在课堂中的主体地位，教师必须对学生的知识掌握量、面有较为深入的了解，方能规划教学设计，引导学生在最近发展区中充分发挥，在审美鉴赏中更上一层楼。如《天上人间演神话·寰宇共寻太空梦》一课中，笔者充分考虑学生掌握的知识量，并在课前对学生做了采访调查，在学生大致了解古希腊建筑的基础上，对学生提出"为何美国火星计划成功的盛典选址在希腊雅典神庙前"的问题。以此来激发学生更深层次的思考，也有利于学生对课堂产生浓厚的兴趣，发挥其课堂主体性。教师的积极引导还能够激发学生对审美客体的共鸣，传统的美术鉴赏课中，学生往往只能通过教师的描述生硬地在美术作品中寻找对应点，而创新的鉴赏教学中，教师通常用激发学生共鸣的方法来达到审美的目的。在《礼制文化的融汇》一课中，笔者运用叶兆言先生《四合院的精神》选段，揭示四合院文化的精神内涵，将四合院建筑与"家"相联，使学生情感上产生共鸣，深刻体会"四合院是传统中国的写真"。这样的情感体验能够加强学生对审美客体的鉴赏水平。

课堂兴趣的激发与课堂互动有着密切的联系，高效课堂离不开活跃的课堂气氛，而"互动"就是一种增强学习效果、提高学习效率的手段。教师和学生之间的互动可以为达到教学目标提供更多的探讨角度，《礼制文化的融汇》一课中，笔者设置"复原四合院"环节，出示四合院地基图，并由学生分组讨论思考，最后派出一位学生代表将四合院各个房屋还原。这样的生生互动和师生互动无疑增强了课堂氛围，提高了课堂效率。同时，学生与美术作品之间的互动在课堂互动中也随之增加。在鉴赏课中，学生与美术作品之间的距离不应是座位与大屏幕之间的距离，学生的审美体验也不应是教师单方面的讲解，而是应该让学生走入作品，从另一个角度去感受审美客体，理解对应的美的意义。《礼制文化的融汇》一课中，为了让学生体验到最纯粹的四合院文化，欣赏到四合院建筑的细节之美，在教学环节中设计模仿老北京人的"抄手"动作环节，帮助学生更清晰地了解"抄手游廊"的含义和美，更使学生感受到了四合院建筑背后的历史内涵、文化背景及意义。

引导和互动式鉴赏教学的最终目的是提升美术鉴赏课教学效率和教学质量，在加强和改进学校美育工作的大趋势下，创新的高中美术鉴赏教学提倡教师改变传统教学风格，了解高中生年龄段的心理特点，遵循高中生的身心发展规律，尊重学生之间的个体差异，并以此为基础，开发相对应的教学设计，激发他们在原有知识储备下对新知识的兴趣，使其积极主动地参与到美术鉴赏活动中，真正成为鉴赏课中自主学习研讨的课堂主体。引导和互动式鉴赏教学促进了师生、生生交流，带动了学生的思考能力，激发了学生的审美情感。不仅如此，它还能加强教师对课堂的正向把控，营造愉快的课堂气氛，使学生在兴趣的驱使下深入到审美活动中，加强了对新授知识的理解并且提升了其鉴赏能力。

二、多元化美术课堂为其他科目搭建美育桥梁

美术学科是美育的主要途径。在美育中，美术学科不仅有其独有的专业

性，还经常在教学内容中兼容并包。因此，开展多元化的美术教学并且与其他学科渗透融合，可以帮助其他学科搭建一座美育的桥梁。美术教学通过与文、理科中各学科的融合，无形中为学生发散多元化的美术思维提供了通道，使得学生能够将各个学科的知识在美育的结构中再次巩固。

在源远流长的中国美术史中，自诗、书、画结合的"文人画"出现以来，中国古代文人以画结合诗歌和书法，抒发着胸中逸气，将个人风骨凝结于笔末毫端。同时，古诗词在语文学科教学中占有重要比例，古诗词的文字隽永美妙，能够引导高中阶段的学生进行美好的审美体验，也能引导他们树立积极向上的审美观。因此，高中美术课堂多元化的过程中，可以将语文学科很好地融入进来，这样不仅为美术课提供了丰富的审美方法，还为语文学科搭建了一座良好的美育桥梁，让学生在语文课堂中也能自然而然地体会到诗词韵味之美。在《体验空间变换》一课中，学生通过欣赏苏州园林的空间之美，理解了苏州园林建筑含蓄的遮掩。不同构造的门窗的展露，使建筑的内外空间辗转交替、别有洞天。《诗经·蒹葭》中，所谓伊人"宛在水中央""宛在水中坻""宛在水中沚"，不同语句中一字之别却表现出空间的转换，表达出了诗人惆怅而苦闷的情绪。高中生可以通过在美术课中学习过的空间变换的含蓄美，更容易体会诗人的相思不得，遂生幻觉。

另外，针对一些在艺术和文学上皆有造诣的文人大家如苏轼、王维、孟浩然、郑板桥、丰子恺等，美术课堂可以通过其美术作品为这些文人树立其特有的艺术形象，以便学生在语文课堂中以这样的艺术形象为基础，更有效地理解文人的文学创作。在《形与情的互动》一课中，教师带领学生赏析北宋著名文学家、书法家、画家苏轼的书法作品。在苏轼遭遇"乌台诗案"之前，创作过《奉喧帖》《北游帖》等书法作品。点画飘逸洒脱、流畅自如的《北游帖》反映了苏轼担任密州、徐州太守时无暇游玩山水自然，无处施展抱负的苦闷心境。"乌台诗案"后，苏轼谪居黄州，创下了"天下第三行书"的《黄州寒食诗帖》，此时的苏轼苦闷情绪加重。晚年时，苏轼创作《渡海帖》《汀上帖》，作品中雄健的气息透露出顽强的生命力。苏轼三种不同时段的作品风貌、精神内涵有助于高中生深入了解苏轼的文人形象，使高中生在欣赏苏轼不同阶段文学作品如《和陶贫士》《寒食雨二首》《喜雨》《定风波》的过程中，能够准确把握作者的创作心境，进而将文学美和书法美融为一体。

多元化的美术课还能与地理课相融合，中外美术作品的赏析能够为地理课提供更多的人文背景信息和自然地理风貌，一些美术作品可以成为学生认识世界和了解祖国的渠道。中国绘画史上，五代时期，北方以荆浩、关仝为代表，南方以董源、巨然为旗帜，形成了两种不同风格的画派。他们创造的北方山水层峦叠嶂、气势宏伟；他们描绘的南方山水烟雾溟濛、林木清幽。这样富有艺术性的地理风貌展现，为高中学生在地理课堂中领略祖国风光打下了一定的审美基础。在外国美术史中也有像 16 世纪尼德兰地区最伟大的画家——彼得·勃鲁盖尔（Bruegel Pieter）的《农民婚礼》《农民舞蹈》等作品，用以帮助高中学生了解世界其他各地的人文地理状况。地理学科蕴含着自然美、人文美、科学美、社会美等多种美的形式，美术教师对美术作品的挖掘有助于学生在多元化的美术课堂中体会到教学内容的趣味性。

除了语文和地理学科之外，多元化的美术课堂也能与历史学科融合。在饱含人文情怀的美术课堂中，教师引领学生欣赏诸如董希文的《开国大典》，毕加索的《格尔尼卡》，戈雅的《1808 年 5 月 3 日夜枪杀起义者》等纪念历史事件的作品时，也使学生了解了这些作品背后的具体事件，并且在审美的过程中，培养了学生的爱国主义情怀，在他们的心里播种世界和平的种子。多元化的美术课堂为历史课提供了丰富多彩的教学素材。

其次，数学学科也能在美术实践课中融合。素描实践中尤其注重几何概念，素描的实践也有助于学生数学几何概念的形成，抽象的数学思维在形象的素描中，变得更容易理解。

在多元化的美术课堂中，美术学科还与生物、信息科技、音乐等科目相融合，丰富了美术教学，提高了学生的综合素质，充实了学生的美育果实，为其他学科与美育搭建了一座有效的桥梁。

三、传统文化——昆曲特色的美术课堂

2017 年，中共中央办公厅、国务院办公厅发布了《关于实施中华优秀传统文化传承发展工程的意见》，其中明确提出："到 2025 年，中华优秀传统文化传承发展体系基本形成，研究阐发、教育普及、保护传承、创新发展、传播交

流等方面协同推进并取得重要成果，具有中国特色、中国风格、中国气派的文化产品更加丰富，文化自觉和文化自信显著增强，国家文化软实力的根基更为坚实，中华文化的国际影响力明显提升。"昆曲是中国最古老的剧种之一，自元末明初发端以来，昆曲已经在中国剧坛独领风骚将近300年。2006年昆曲被列入第一批国家级非物质文化遗产名录。校园是昆曲文化传播的沃土，教师将"昆曲"特色融入日常课堂，旨在向学生普及和弘扬优秀的传统昆曲文化美学。

《抒情诗意的中国绘画——笔底猿声，徐渭的艺术世界》一课中，教师不仅谈到徐渭的绘画修养，也将主人公的诗词涵养讲述给了学生。情景创设中，教师亲身示范，绘声绘色地吟唱徐渭的《四声猿·狂鼓吏渔阳三弄》，并由此向学生提问，使学生从吟唱的画面和声音中思考徐渭的性格特征。教师又以戏词中透露出的徐渭通达脱俗、不拘小节、桀骜不驯的性格，引出其绘画和书法造诣，与学生一起讨论其泼墨大写意绘画作品的风格面貌，用昆曲帮助学生营造了一个优良的审美基础。

以昆曲特色融入美学教育，在提高学生审美能力的同时还可以让学生在实践课堂中创造美。将昆曲文化作为美育资源并加以开发利用，也是对昆曲文化的继承和创新。在《程式规范·情理真实》一课的拓展部分中，学生以笔绘情，描绘了一幅幅具有昆曲艺术美感的动人画面，继承和弘扬了中华传统文化，深度体验了昆曲之美。

将昆曲特色纳入美术课堂不仅符合素质教育的要求，也响应了传承和弘扬昆曲这一伟大的非物质文化遗产的迫在眉睫的需求，也因此，我们的美育和美术课堂肩负着重要的责任，把丰富多彩的文化带给学生，带给每一代青年人。

四、基于地域优势的博物馆（美术馆）考察课程

南洋中学校友世俊在《南洋中学的地理》一文中记载："本校在沪南高昌庙与龙华镇中途。在江境庙之东，大木桥之南，外日晖桥之西，黄浦江北票码头之北。"南洋中学地处徐汇滨江地带，展开滨江地图，以西岸美术馆、龙美术馆（西岸馆）、余德耀美术馆为主，八公里的岸线上，美术馆、水上剧场、实验话剧排练厅、塔吊装置艺术等公共艺术空间错落有致，又有码头、铁轨、

堆场、仓库等全开放式的公共艺术空间，文化资源十分丰富。博物馆和美术馆作为市民文化交流的公共空间的同时，也具有得天独厚的美术教育条件。基于这样的地域优势，教师规划了一系列博物馆（美术馆）考察课程，将学校周边的艺术文化资源充分挖掘，并与美术考察课程整合，开发成具有教育价值的创新课程。将美术欣赏课在空间上分为课堂和美术馆、博物馆，在时间上分为课堂时间和课外时间，学生结合教师布置的欣赏主题，自主结伴利用课外时间进入美术馆、博物馆参观学习，并做下心得笔记，在课上交流讨论。这样的学习模式是基于学校地域优势的尝试，过程中培养了学生自主学习、具有拓展思维的审美能力。

首先，博物馆的教育资源即学生的审美对象具有直观性，对比于课堂美术教学依靠投影展示、缺乏实物观摩的局限而言，博物馆和美术馆拥有丰富的艺术品资源，如雕塑、架上绘画、装置艺术、服装、青铜器、瓷器等，学生可以从中获得细腻的直观感受。其中油画与中国画等架上绘画的原件能真实地体现出作品的墨色、细节、笔触、层次感及质感等，这样的感受在印刷品和投影中通常较难体会到。一堂好的美术鉴赏课最基本的要素之一就是向学生展示作品，但模糊的印刷品图片不易引发学生的共鸣，教师的说辞此时也难以激发学生的兴趣，而美术馆的作品解决了这一问题，从而更好地达到课堂预设的教学目标。苏霍姆林斯基曾言"不能使学生参与是教师最大的过失"，学生是课堂的主体，亲自在美术馆体验感受后体会到艺术的魅力，学生主体性得到了更大的发挥，这也是审美课堂的一种进步。学生在观摩艺术品的过程中情感得到深化，审美体验的层次更加丰富，观摩后，学生在如《抒情诗意的中国绘画》《注重写实的西方绘画》《风格各异的现代绘画》等课堂上交流讨论并由教师引导欣赏，获得了较之传统课堂更具活力和趣味的美育效果。

其次，博物馆和美术馆的环境具有开放性，其针对的对象也面向全体公民。因此，这样的条件可以培养学生家庭形成"美育学习型家庭"，学生在父母和家人的陪伴下一起观赏美术作品，博物馆和美术馆成为了美育的"第二课堂"，使美育在家校之间都得以开展，为学生营造一个全面覆盖的浸润式美育环境。

最后，基于这种地域优势的美术考察课程还为美术实践课程提供了新的开展方式，即近距离临摹。南齐时期谢赫在《画品》中提出了中国画的"六法"：气韵生动、骨法用笔、应物象形、随类赋彩、经营位置、传移模写。其中"传移模写"指临摹优秀作品，为"六法"之根本、基础。在一些西方国家，学生在美术场馆临摹经典画作的景象屡见不鲜，而其实不管是中国画还是西方油画，都有临摹真作的必要。此举能够有效训练学生的绘画技法，提高其审美素养。

基于地域优势的博物馆（美术馆）考察课程改善了传统美术课堂教学缺乏实物展示的弱点；增强了学生美育的覆盖面，使家校美育能够同时开展；丰富了学生提高绘画技法的途径和方法，使学生在美育中深层次地受到艺术魅力的熏陶，也进一步发挥了其主体性。目前学校利用美术馆资源开展美育尚处于探索起步阶段，要想利用好这样的地域优势，还需一段时间的共同探索，但美术馆资源和学校的地域优势应该是一线教育工作者值得探究的课题。

综上，对南洋中学美术教学的四个部分做了粗略阐述，回顾南洋校史，海派绘画大家、西泠印社社长吴昌硕曾为《南洋中学藏书目录》题书名。近百年来，南洋中学收藏的名家书画作品逾百幅，仔细品味这些具有史料价值的珍贵艺术作品，犹如步入一条历史和艺术的长廊，它们也都将成为南洋学子接受美育的优秀资料。立足当下，美育工作在百年沉淀的校园中如火如荼地开展着。展望未来，南洋中学的美术教学资源还将进行深度的整合规划，开发出一系列美术学科的校本化课程，打造更适合南洋学子的美术课堂。路漫漫其修远兮，吾将上下而求索。

（谢怡青）

美育与学校办学特色的融合

美育与科技教育的融合

　　美育是人的一种精神素质，体现在人们的人格、情操、精神境界之中，可以看作是人文精神的一个重要组成部分，而科学技术则是科学精神作用下的一个重要分支。两者的统一性表现在社会历史的发展上科学精神和人文精神的高度统一。学校以培养学生"德、智、体、美、劳"全面发展为目标，其中美育是培养学生的审美观，发展学生鉴赏美、创造美的能力，培养学生的高尚情操和文明素质的教育。通过美育，可以使人具有美的理想、美的情操、美的品格、美的素养，具有欣赏美和创造美的能力等，从而进一步提高学生的人文精神素质修养。人类文明的发展事实证明美育与科技有着千丝万缕的联系。科技与美育统一于对真善美的追求之中。美育对形式进行的直觉、模拟、前瞻和超越，为科技创新提供了前导性目标。科学与美育的结合是未来人类思想发展的主流，为此，南洋中学在教育过程中重视科技与美育的结合，成为培养具有良好人文精神和创新能力的人才的重要途径。

一、南洋科技教育中的美育培养是一种创新教育

美育凭借的手段是艺术教育，核心是培养人的创造性思维。在创新教育培养中，学校建造了一系列创新实验室等教育的设备条件，使得传统实验室得以延伸和扩展，为创新教育提供了有力的支撑。学校在创建科技创新实验室过程中，也优化了校园科技与人文环境，并与德育教育、学科教学等有机整合，运用各种现代技术，积极开发校园环境的教育功能，并创建一系列创新工作室，将校园创设成为一个"大实验室"，并以此为突

图1 学生在科技活动中激光雕刻的科技作品

破口，培养学生的实践能力和创新精神，全面推进素质教育。创设校园科技创新"大实验室"的实践与研究，旨在为学生创新提供科研、制作和举办科技人文活动的环境，通过现代科技手段的参与，以培养科学素养为核心，以知识为载体，以"动手做"为形式，贯穿对科学态度、科学方法、科学价值观等方面的综合培养。

开展学校"大实验室"开发与实践研究是以我校严谨的科学态度和深厚的人文底蕴为支撑，继承和发展"爱国荣校，科教救国"的办学传统，确立了科学与人文精神的统一，使学校科技教育特色成为独特、优质、稳定的校园文化，让学生如同艺术家天马行空般把自己的思路拓展到无限的领域，善于创新求异，乐于异想天开。创新是艺术的生命，也是科技发展的动力，作为艺术教育，回归和强化它的创新特性，寻找有效途径，通过艺术的方式，培养学生超凡的创新思维和无限的创造潜能，全面推进了学校素质教育和学校发展。

二、南洋科技教育中的美育培养是一种感知教育

感知是认识世界的最有效的路径，特别是视觉和听觉更是艺术活动的重要方式和载体，艺术教育就是要训练学生怎样用自己的感知，品味生活的美好，用自己的双眼来观察世界的变化，用自己的耳朵来聆听社会的交响，用自己的双手来触摸时代的脉搏，通过自己的心灵来感悟人间的温度。艺术教育会让每一个人学会用一种更有效地方式认识这个世界，热爱这个世界。

南洋的创客创意工坊就是感知教育培养的舞台。依托学校的特色活动项目——OM 和 DI 等活动为载体，以"先学习，后创造"为顺序对实验室的各种器材、设备的使用做了详尽的介绍，让学生在懂得如何使用设备的基础上，自行开始设计各自的作品，最终能够通过实验报告的撰写，体现其创新能力。学生在老师的指导下，系统性的学习，从思考到设计，从图纸到作品，让同学们体验一个完整的现代加工流程。例如在参加 OM/DI 活动中，同学们就展开大胆的设想，通过三维建模并利用 3D 打印机制作出各种脑洞大开的表演道具。又如在制作表演服装、道具方面，通过使用激光雕刻机，可以非常精准的在材料上将设计图稿切割出来，大大提高了作品的精准度和美观度，同时让更多的学生能够感受创客文化。

图 2　学生参加头脑奥林匹克（OM）比赛

三、南洋科技教育中的美育培养是一种思维教育

从思维层面看，科学思维善于把复杂的世界概念化、明确化、单纯化。科学家能够从纷繁多变的客观现象中去寻找规律、发现本质、归纳概念，变混沌为清晰，变偶然为必然。美育思维则善于把现实世界形象化、模糊化、丰富化，艺术家喜欢用感性的方式捕捉现实的生动瞬间和个性差异，描绘生活的点点滴滴、精彩多样，追求个人的精神世界和自我感受，变点滴为大海，变平淡为神奇。科学思维和美育思维认识世界的关系就好比数码相机成像过程，科学思维把丰富多彩的景色编码成简单的数字符号，记录在相机储存卡里面，看上去非常简单枯燥，但它记载着纷繁生动的客观对象；而美育思维把内存卡里的数码符号转化为图片的形象化过程，它会让无生命的数字转化成有生命活力的充满美感的图像。科学与美育的交融，在思维层面上，会让人类认知的世界更清晰，更美好。

面对新一轮人工智能浪潮，学校引入了人工智能课程，人工智能创新实验室建设有助于学生在实践中提升自己的思维和创新能力。我校培养学生学会用美术的方式进行观察，用形象的方式进行记忆，用浪漫的方式进行联想，用智者的方式进行思考，用理性的方式进行分析，用诗人的方式抒发情感，最后学会用科学的方式认知世界的规律，用艺术的方式创造我们的未来。在人工智能

图3 老校园和新校园中的科技景点

互动演示现场看到，学生戴着专业眼镜，利用 VR、3D 打印等，学习虚拟现实设备 zSpace 的操作。还体验了教育机器人、智能飞行器、计算机编程等课程。

四、南洋科技教育中的美育培养是一种社会教育

在校园环境中，到处是科学与艺术的结合，学校在"绿色环保，变废为宝"的基础上，先后建成以太阳能、风能、生物质能等为主的绿色创新实验室，学校十分重视实践创新活动和优化学习环境，开展"设境导学"的科技教育模式，以现代微机数字传感实验技术为载体，通过一系列有趣的学习研究活动，并多次组织校外创新实验考察，使学生们对于新能源开发利用的兴趣有了很大的提高，同时对科学研究有了更加清楚的认识。校园内已随处可见具有科学性、新颖性、可观赏性，涉及新能源、环保、生物发酵等多方面科学技术的景点。一位美国教育代表来南洋中学参观考察后，在美国一份报刊上这样写道：我们来到一所中国非常特别的学校，整个学校就像一个嘉年华。

关注时代、关注社会、关注大众已成为美育的历史使命。特别是科技时代，就像科学家要关注社会发展，关注大众的需求、思想情感变化、消费习惯一样，美育更应该注重艺术的社会性，培养学生的社会意识和社会价值观。

五、南洋科技教育中的美育培养是一种审美教育

美育，即审美教育，是培养学生具有正确的审美观点和感受美、鉴赏美、创造美的能力的教育，它以特定时代、特定阶级的审美观念为标准，以形象为手段，以情感为核心，以实现人的全面发展为宗旨。

"发现"是艺术与科学面对世界时的共同冲动和追求，科学发现"真"，艺术发现"美"，人性发现"善"，"真善美"共同构成审美教育的核心要素。按照内容对美育进行分类，我们可将审美教育基本分为以下四个类型，即：艺术美、自然美、社会美和科学美。艺术美，指通过艺术创造实践，以艺术化的表现形式重现和还原在生产、生活实践中的自然美，其表现形式为艺术作品。而在美育中的艺术美教育则体现为艺术教育，即针对学生设计各类音乐、美术、影视等艺术课程，从而增强其审美能力，扩宽其思维度。自然美，指各种自然事物呈现的美，它是社会性与自然性的统一。表现在美育范畴内则是一种自然

美育的表达形式，即是通过组织、指导学生参与绿色环保等活动，通过各种感官对大自然的各种事物进行观察、感知，从而收获美的感受。社会美，指现实世界中所呈现出来的社会事物和现象的美。表现在美育范畴内，即是通过各种实践环节让学生有指引性地与社会交融，在实践过程中，感受社会各种事物和现象的美感。科学美，指科学领域存在的美感，也是指在探索科学的道路上追求真理的状态美。表现在美育范畴内是指在校园文化中，追求真理、发展实践的精神美，也就是说在课程培训中，通过各种形式的教育鼓励学生发现科学美，从而不断追寻真理，并将理论研究推广至生产实践。

学校开展"优化校园科技环境"的探索和实践，建立了含有较高科技成分的校园科技景点和人文景点，营造了科技教育与人文教育的和谐融合氛围。学校积极开发科技景点的教育功能，让学生观察科技景点和人文景点，采访、收集资料，应用已有知识分析，使他们从"知其然"到"知其所以然"，在升旗仪式上学生进行"太阳钟与惜时""喷水池的遐想""院士精神"的演讲，运用语言表达思想情感，以语言文字建构审美意象，集中反映真善美的内在联系。引导学生以吸纳百川科学人文的胸襟，领悟"真、善、美、新"的真谛。在科技节和艺术节上，以亲身实践体验探索美、发现美、创造美。校园对科技景点和人文景点的功能开发，不仅美化了校园，更体现了"真、善、美、新"统一的求实的育人氛围，美化了学生的心灵。

节奏与旋律、对立与统一、虚实与强弱、色彩与线条，它们共同构成这个世界的形式美，也成为审美的重要对象，让更多的人能够品味出点线面的魅力，感受美的对象给我们带来的愉悦，理解美的形象和有机构成的形式组合所蕴含的辩证关系与哲学原理，这也是当代艺术教育应肩负起的责任。当然，艺术教育作为一种审美教育，还包括对学生艺术技巧的训练，培养学生能够采用最娴熟、最完善的形式语言和表现技法，表达自己最真切的感受。学校在科技教育的美育培养实践过程中，积极提倡学生自主活动，拥有了众多的社团组织，学生的活跃程度可谓沪上闻名。学校一直秉承这一传统，鼓励学生自主建立各种社团。在学校的统一管理下，南洋中学的学生社团以自主参与为原则，社团负责人是学生，学校委派指导教师参与活动并进行指导。学生社团致力于给同学们搭建展示自我的广阔平台，在忙碌的学习生活之余，弘扬中华美育精神，传承和弘扬中华优秀传统文化，感受多彩的校园生活魅力。大量学生社团的涌现，丰富与活跃了南洋中学的校园生活。学校从增强文化自觉和文化自信的高度，重视和加强学校美育，把社会主义核心价值观融入教育的各个方面，贯穿人才培养全过程。

总之，处徐汇滨江，有着鲜明科技教育特色的实验性示范性高中的"百年老校"南洋中学，以"实验教学"、校园科技环境、创新实验室为依托，在提升学生创新能力和科技素养，探索培养创新人才的过程中，不仅在科学技术里渗入艺术因素，而且在各门艺术中也使用了高科技，让科学与艺术在学科内容、表现形式、思维方法、概念表达、研究方法以及追求目标等方面相互结合、相互渗透、相互借鉴、相互启迪。学校落实重点任务，推动新时代学校美育工作再上新台阶，将社会主义核心价值观融入美育课堂教学、课外活动、校园文化建设全过程，大力传承和弘扬中华优秀传统文化。

（陆赵华）

美育与心理教育的融合

——艺术表达性心理辅导的探索与实施

"设境体验，知行并进"。培育自信、韧性、负责的现代高中生是我校心育模式，学校心育不是独立于"五育"之外，而是有机融合于"五育"之中，从艺术表达性心理辅导的践行中，将学校心育与美育完美融合。

"艺术表达性辅导"认为每个人都是一个独立的有朝气的个体，具有生命的创造力，经历表达与自我理解之后，个体累积的经验可以整理与重构，最终形成独立的思想和人格。因此，"艺术表达性辅导"的核心是创意与创造力，借助非语言的多元媒介，如游戏、活动、绘画、戏剧、音乐、舞蹈、意识等方式，在创与作的过程中，透过不同的方式表达独特的自己，释放被语言文字所压抑的情感经验，重新回顾、检视、整理、接纳、整合经验，找到新意义，找到自我激励的力量，促进个人的心灵成长。提升个人生命的深度和广度。"艺术表达性辅导"是基于活动或游戏，帮助平等关系的建立，易于学生接受，降低心理防御，促进非语言与语言沟通和倾诉，提供对话、了解和辅导的依据，运用直觉式的思考，促进自主且可自控的行为，有助于认识自己与世界的多重联结。我校尝试开展艺术表达性心理辅导来提升学生积极心理品质。

一、团体心理辅导活动，促进团体成员的心理成长

（一）学生团体心理辅导

目前学校开展的高三年级的心理辅导活动，多数是通过讲座或一般的心理辅导活动课的方式进行，具有心理困惑的学生往往不会轻易将自己的问题说出来，或者想说也表达不清，甚至过多地述说消极问题，容易形成消极暗示。而绘画投射技术的运用改变了这种辅导中的被动局面。辅导者通过这一技术，以画作为突破口，探寻绘画者潜在的心理困扰，让绘画者宣泄负面情绪，也可以

通过绘画的方式，促进部分同学表达积极的情绪，在高考考前团体心理辅导中，将绘画疗法引入团体治疗，创造性地促进了团体中的人际互动。在团体绘画活动中，绘画作品本身成为关注的焦点，因为绘画作品被视为个体的分身，而成员本人及其他成员对绘画作品的分享和讨论能调动起团体内部的动力，这种动力在成员间流动，并最终成为促进成员自我成长的力量。

课例：发挥力量，笑迎高考——高考考前团体心理辅导课程设计思路

活动目标
1. 学生在活动中觉察自我高考前状态，释放过度的压力。
2. 通过欢聚图、高考表情、成长画册、我的成功时刻画报、激励留言卡等活动的参与体验，激发学生内在力量，调整状态，专注于考前复习迎考。

活动对象　高三学生

活动过程

第一单元：欢聚图

目标：（1）促进成员之间彼此熟悉；（2）营造真诚、开放的团体氛围。

活动1：自我标识

鼓励成员选择能够代表自己的任何事物或形象，为自己设计标识和昵称，进行自我介绍，协助成员彼此了解，营造有趣的团体活动气氛。

活动2：集体作画

集体成员共同创作一幅画，并为作品命名，以此增强成员之间的相互合作，提高团队的凝聚力。

第二单元：高考表情

目标：（1）理解不同的人面对同一任务的不同认知；（2）梳理高考的理解和感受；（3）接受自己的迎考状态。

活动1：你说我画

领导者描述一幅画，每位成员按照自己的理解进行绘画，不允许询问领导者，也不允许彼此交流，画完后分别展示自己的画，然后进行分享和讨论。由此引导成员理解每个人面对同一任务时的想法会不相同，所以面对高考，彼此状态会有差异，需要自我接纳。

活动2：接力绘画

发给第一个成员一张纸，简单画出自己所观察到的同学的迎考状态，依次向左传递，接力作画，然后进行团体分享和讨论。以此活动，进一步让成员明白，迎考状态可能存在问题的不单单是自己，由此降低社会比较压力。

第三单元：成长画册

目标：通过绘画互动表达调整自己的迎考状态。

分组：中低高三种压力状态的人组成一个小组，分成多组。

活动1：学生第一轮作画

在不交流的情况下，三个人轮流作画，以高考为主题，每组完成一幅作品，可以画三轮左右。教师请3—4个组分享作品，表达画画的含义，过程中教师注意正面的肯定，并对负面情绪给予接纳。

活动2：学生第二轮作画

根据之前的作品，小组讨论，在原有作品上增加一部分元素，或者做一些调整，完成一个克服困难、成功迎考、最终成功的励志故事。学生分享，教师点评，肯定学生的积极因素，并尽量将其具体化。

第四单元：激励留言卡

目标：（1）通过"满意的我自己"回顾提升积极认知；（2）同伴的积极评价提升高考积极力量；（3）发挥力量，积极应考。

活动1：满意的我自己

回顾高三一年的时间，你印象最深刻的、最喜欢的改变是什么？回顾2019年，我Get到什么新技能或者有什么新的变化？我是怎么做到的？周围的人是怎么评价我这个变化的？通过这个活动，从积极心理的视角，在积极体验的回顾和分享中，激发学生自我能量感。

活动 2：我眼中优秀的你

团体围圈而坐，用"满意的我自己"彩纸对折，在反面中间用彩笔画一个心形，在心形中间写上自己的名字，然后依次向右传；每位成员都围绕着心形写下自己对其他成员的祝福和鼓励，也可以用绘画形式表达。每位成员在顶端（底部），写上一句激励自己的话。

活动 3：拇指环游戏

各组全体组员围站成一圈，竖起大拇指，收尾相接，聚拢静默 30 秒，默念激励自己的话和教师的祝愿："发挥力量，笑迎高考"，高考顺利，考入自己理想的学校。

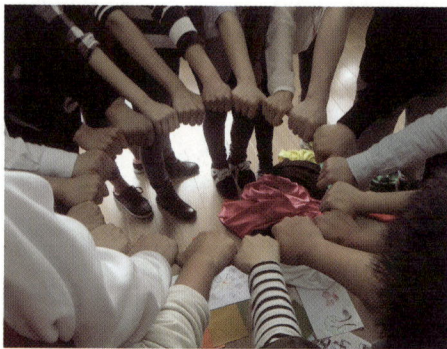

图 1　学生们参与拇指环游戏

（二）教师团体辅导活动

艺术表达性心理辅导中，"游戏体验式"团体心理辅导也是其中很重要的一种方式。游戏体验式团体辅导的特点是强调参与式、体验式、互动式活动，尤其是设计大量的游戏及模拟情景训练，将主题贯穿于活动之中。这种团体辅导一方面旨在通过活动和体验，促进教师们的人际沟通，形成信任、安全、欣赏的人际氛围；另一方面是为了增进团体动力，为后期的培训做铺垫。班主任在体验式的培训里，更好地参与其中，感受自我的成长，掌握团体心理辅导技巧。

我校开展的系列培训有"觉察自我，改善沟通""倾听与同感——班主任沟通艺术""班集体的凝聚力建设""教育的智慧与真情——做一名幸福的教师""感受幸福，探寻精彩""保持良好感受，学会积极适应""掌握心灵沟通技巧""学生心理危机识别与预防""人际沟通小团体沙盘游戏辅导"等培训。在"觉察自我，改善沟通"的游戏培训中，教师们通过无声舞蹈觉察自我与他人的互动模式，深刻地感受到了"换位思考，考虑到对方的想法"的重要性，在角色扮演中理解并体验压力状态下的沟通姿态，以及各种姿态产生的结果，学会运用一致性沟通和若干具体的操作方法。培训模式的改变，让教师从忙碌于自己的工作改为积极主动地投入学习之中，真正起到了培训的效果。

（三）家长团体心理辅导

对于家长而言，最重要的就是如何与孩子进行沟通。因此，家长团体心理辅导以"觉察自我，改善沟通"为目标，采用萨提亚亲子沟通模式辅导，帮助家长调整心态，更好地处理生活中遇到的问题。

课例：觉察自我，改善沟通——家长团体心理辅导

活动目标

1. 了解人们互动的影响因素，理解并体验压力状态下的沟通姿态。
2. 了解一致性沟通的意义和若干具体的操作方法。
3. 觉察自我情绪和沟通方式，理解孩子心理需求，调整自我情绪，改善亲子沟通。

活动过程　活动1：热身活动，舞动身心

1. 活动要求：两个人一组，一个作为引导者，一个作为被指引者，引导者保护好被指引者在教室里行走。
2. 播放背景音乐。
3. 提问：在活动的过程中你有什么感受？你觉得有被很好地照顾到么？你是怎么考虑对方的感受的？能很好地完成任务的最主要因素是什么？

活动 2：理解并体验压力状态下的四种不良沟通姿态

1. 四种沟通姿态介绍：讨好型、指责型、超理智型、打岔型。

2. 根据四种类型的"家有考生家庭形态图"雕塑进行分组，4 人一组，其中 3 人角色扮演，1 人做雕塑的解读。每组设定一个家庭压力情境，尽可能地把 4 种沟通姿态呈现出来。

3. 讨论扮演互动。

4. 教师引导，家长体会每一个角色内心的情绪、想法、对自己的感受，理解每一个角色的需求。

5. 一致型的沟通要点、沟通技巧等介绍。

活动 3：家庭沟通模式心理剧扮演与角色体验

现场请 1—2 两位家长描述在家中比较困扰，容易发生冲突，或者是有压力的事件，大家一起来角色扮演、体会。主角可以指导孩子和其他家长如何配合自己的演出，在扮演的过程中进一步感受。其他家长共同提出建议，一起来探寻有效沟通的方式。

活动 4：回顾分享一次亲子有效沟通的情景

1. 两两小组分享。

2. 请 2—3 位家长在全体成员中分享。

3. 提问：当时在压力状况下能有较好的沟通主要是因为我做到了什么？体现了我的什么能力？给我什么启示？我的哪些做法与之前提到的有效沟通是相一致的？

活动 5：我的策略卡

1. 说出（写下）跟心中困惑或者期待有关的一句话。

2. 根据自己的意愿每人抽出一张策略卡。

3. 看自己抽到的策略卡，假设文字卡是"坚持"，那么，请大家接下来用"坚持是……"或者"我现在需要坚持的是……"或者"我现在的……期待/困惑是可以用坚持来解决的！"等等进行造句、反思。

结束语：期待每一位家长能更好地自我觉察，改善沟通，在中考阶段和孩子成长过程中，成为孩子最好的支持力量！

二、心理主题创意活动，心育美育完美融合

（一）"看见力量，拥抱未来"六个一活动

以 2017 学年下学期"心理健康教育活动月"为例，本次心理月的"六个一活动"包括一份 DIY 自我感谢卡，一份"我有我力量"沙盘创作，一份趣图心说，一份心理成长故事征文，一份心灵伙伴关心卡和一份"画未来"梦想收集活动，做到全员了解，全员参与，在全校范围内宣传心理知识，在各项活动中渗透心理学知识，让每一位学生都能有所感悟，有所成长。

有一位学生这样写道："这次我最喜欢的活动是'画未来'梦想收集活动。将来我想当一名老师，因为喜欢跟小孩子相处，所以我很快就把头脑中的

图 2 陈怡同学创作的四格漫画

场景画出来了。我属于比较内向的人，当画出来之后，我在想如果未来能够实现理想的话，自己需要再开朗一些，每一堂课都要举手发言一次，变得外向一些。"

（二）心理中心自我悦纳室，情绪面具绘制、曼陀罗绘画，涂色活动

心理自我悦纳室是心育中心富有特色、理念先进的功能教室，引入 STEM 教育理念，将艺术、科技、心理相融合，以学生为中心，培养动手能力，激发学生自我探索及自我分析的热情和动力，提升学生心理自助能力。结合艺术表达性辅导模式，为学生提供创意面具绘制、秘密花园涂色、阅读、四格漫画创作、圆盘绘制等创作工具，帮助学生在创与作的自助过程中重新回顾、检视、整理，再次定义、整合经验，找到新意义，找到鼓励的力量，成为健康人生的创作者和体验者。

（三）校园心理情景剧，在创意表达中塑造良好心理品质

以"看见力量，拥抱未来"校园心理情景剧大赛为例，学校在开展校园心理情景剧大赛的基础上，招募学生参与市区心理情景剧参赛活动，学生从剧本创作到情景剧编排，再到视频拍摄，学校充分宣传了心理健康教育的理念与知识，传授心理健康的方法和技能，提高学生的心理素质，培养他们积极乐观、健康向上的心理品质。

经过这些活动，学生也分享了自己的感想："这次心理剧从编剧到拍摄经历了这么多风风雨雨总算是完成了。虽然有些缺憾，但无论如何是一次前所未有的体验。高中生能够有自编自演的戏剧是很难得的机会，同时也暴露出相当多的问题，大家都在积极地解决，讨论很热烈，黄学长和王学长也拿出学习时间帮助我们，真的很感动。同时，在编剧和表演中，我对虚荣和'自我的缺失'有了进一步理解，要有正确的是非观，而不是为了迎合别人而去伪装一个不真实的自己。"

（李霞）

美育与体育教育的融合

近代教育家蔡元培先生指出："美育者，应用美学之理论于教育，以陶冶感情为目的者也。"据此，体育的美育就是将美学理论运用于体育实践过程的，借助各种大众传播媒介，对实践者进行体育审美教育，培养他们感受体育美、欣赏体育美，表现和创造体育美的能力。体育和美育几乎是一对孪生兄妹。因此，在当今美育活动的拓展与延伸中，美育目标的构建力求遵循"施美于运动之中，置体育于美中，体育在美中升华、美在运动中多彩"的思路进行。所谓"体育在美中升华、美在运动中异彩"，是指在体育活动中，让受教育者主体从生理层次进入功利层次、再上升到道德层次，从而升华到美学层次，在体育运动中忘却自我、和谐身心、丰富灵性、发挥潜能，从而使人格得到美化。

在学校体育教学中，高中学生的审美能力已经得到了一定的发展，他们审美观已经形成，并逐渐成熟，因此他们对体育美的渴望和需求最为迫切。这个问题应在中学校园中引起广大教育工作者和体育工作者的重视，须在体育课堂教学中实施美育的渗透。

一、美育在体育运动中

（一）培养学生形成正确的审美观

教学中有许多审美对象，教师应注意结合体育教学对学生进行美育教育，利用体育活动中的各种美的对象，向学生传授知识，帮助学生认识体育运动中的形体美，掌握身体美的内容和辨别身体健康美的标准，逐步培养学生健康的审美观，以至塑造他们的心灵。在体育活动中形象生动的审美对象，有利于正确引导学生的意识倾向，鼓励学生在运动中尝试美的形体动作。培养学生对动作的审美能力。同时组织学生看比赛和体育录像，帮助学生把体育常识与美学原理结合起来，把内心体验的美与外形观察的美结合起来，从而更深入地感受美。

（二）培养心灵美、行为美

体育活动中的团结友爱、互相协调、忍耐、勇敢、机智、诚实等美德，无不对人的心灵、精神起熏陶和感染作用，同时体育中表现出的愉快、积极、正义、奋发向上等情感体验，以及体育活动中的公正、公平、严明的规则和纪律等都是基础的行为美，也给人以强大的感染力。因此，体育中实施美育能培养学生心灵道德美，行为作风美，树立坚强、勇敢、机智灵活、谦虚谨慎、文明礼貌、集体协作、助人为乐、遵守纪律等良好美德和思想作风。

（三）培养人的形体美、运动美

在体育教学中实施美育，使学生意识到体育运动具有敏捷美、刚健美、韵律美等运动美。通过体育锻炼，增大肌肉的体积，增强肌肉的力量，发展协调性、柔韧性、节奏感，从而使身体具有匀称美、强壮美、健康美。由于认识水平的差异，人们对美的理解也不同，有人认为越瘦越美，有人认为只要会打扮就能美，但是真正的美是身体健康美，身体健康美必须靠积极参加体育锻炼，增强体质来实现。身体健美了，就能在活动中表现美，创造美。

二、美育在体育教学中

（一）美在教学组织管理之中

在体育教学中，通过科学的组织教学建立课堂常规，用语言、行为规范来达到全体学生的整体形象美。要求学生队列、队形整体美观，着装整洁轻便，美观大方，行为端正，作风正派，勤奋学习，团结友爱，互帮互助，文明礼貌，遵守纪律，建立一个团结友爱、温暖美好的师生集体。这样有利于培养学生勤奋学习、积极向上的品质。教师的教学方法、手段的好坏直接影响教学效果。我担任过高三女生的体育教学工作，平时上课要带两个班级的同学，人数比较多，身体素质的差异也比较明显。一次，在传授挺身式跳远的技术动作时，教师在讲解示范动作之后，带领学生从简单的动作模仿开始。一部分学生基本能够做出来。这时我看到其中一位女生极度不协调而无法完成，所以就待在原地不动。我及时地让她站到旁边先观察，之后通过个别辅导，带领全部同学鼓励她，最后她勇敢地站出来并完成了动作。生动形象的语言讲解，因材施教的教学手段能使水平参差不齐的同学同时看到自己的进步。教师因学生的进步而感到满意，学生因教师的教学水平而对老师产生敬佩肯定的心态，从而使学生与教师在心理上产生共鸣，以达到提高教育教学效果的目的。

（二）美在教学过程之中

课堂教学从导入到复习再到结束的过程，学生完成一个动作的过程，教师讲解的过程，学生看教师示范的过程，每一个过程都存在美。教师讲解动作要领时，应语言流畅，生动准确；示范时要动作舒展，优美，使学生产生美的感受，让学生的动作力求完美，最后取得理想的效果。每一个人都会为自己付出后取得的成绩而感到欣慰，这样学生将会产生一种奋发向上的精神。另外，当教师看到那些身体协调性不好、瘦弱及力量较差的学生进行练习表演时，或许他们的动作并未使人觉得满意，但我们却看到另一种美，那就是学生的勇敢、自信、奋发向上的精神美。在高中健美操专项课堂中有一群热爱舞蹈，热爱音乐，热爱美的同学们。这个课程是由学生自由选课进入的，一部分是有舞蹈基础、学习能力很强的学生，还有一部分是热爱但相对薄弱的学生。一次编排动作课中，学生自由组合分成 4 小组，其中一个小组只有 4 名同学，她们都是动作学习比较困难的学生。但在 80 分钟的专项课里，她们不断练习，不断纠正，通过合作不断进步，最后呈现在大家眼前的是一套看似不完美，却很动人的舞姿。她们向老师和同学们传递的是一种坚持积极向上、互相合作的美。

三、美育的实施

（一）体态语言美

在体育教学中，教师的体态语言美，对学生起着潜移默化的作用。因此教师要加强学习和提高修养，不断完善自己美的形象，做好美的表率。服饰是人们的心灵的镜子，在一定程度上反映和折射出人们的心灵，因此体育教师着装应整洁新颖、美观大方、轻便合身，切忌着装破烂或妖艳。破烂有损于形象，妖艳则会使学生产生反感，且有时使学生注意力分散，进而影响学生的学习效果。另外，一个好的体育教师应给人以开朗、精神饱满、朝气蓬勃的感觉。可以这样说，体育教师在整个教学中几乎都在以形象和动作造型去影响学生，所以教师要时时注意自己的形象，比如走路且莫低头含胸，慢慢腾腾。在炎热的盛夏或严寒的隆冬，教师在教学过程中要保持坚定沉着的精神风貌，穿戴整洁，美观大方，富有朝气，教态自然，和蔼可亲，这样会给学生留下威武、刚强和健美的印象。

（二）教学语言美

教师的语言对学生的感知往往起到调节支配作用。教师讲解动作要领时，要力求生动形象，通俗易懂，简明扼要，逻辑性强，音调抑扬起伏，节奏鲜明。这样就会让学生产生由衷的钦佩和赞美，所以在一堂体育课上，教师应始终贯彻精讲多练的教学原则。另外，尽量运用语言艺术来标示体育中的动作：如用武术中的"双摆掌""双峰贯耳"等动作名称来衬托出美的形象。

（三）示范美

体育教学中，实践课的内容大多数是以人体的练习来进行的，而这些动作又主要是通过体育教师的示范动作来传授给学生，所以教师示范应力求优美准确，这不仅有助于学生掌握和形成正确的动作，而且使学生得到美的感受，增强审美意识。我曾带过的一个班级里，有一位女生学习成绩很好，但十分不喜欢体育运动，甚至用各种理由请假，师生关系也很不好，可能她觉得体育课程不重要。一次体锻课中，我带领全体女生进行太极拳练习，也希望能在学校即将召开的运动会开幕式上进行集体展示。没想到几次太极拳的练习让这位原本不爱体育运动的女生积极性很高。有些动作她还跟着网上自学，遇到有疑惑的地方还主动找我探讨，她说："老师，是您规范的动作使我也想像您一样，能完整地完成它。"一个优美、准确的示范动作，往往会使学生产生跃跃欲试的心理，进而积极地投入练习中去，为学生掌握技术动作创造良好的条件。

（四）师生关系和谐美

体育教学中特别强调师生之间的关系。良好的师生关系，就能使师生配合默契，相互信任和尊重，增强体育课堂的教学效果。要达到这一点，不仅要求教师在课堂上对学生亲切，课后爱护和关心学生，真诚地对待学生，以爱换爱，以情换情，这样才能赢得学生对老师的信赖和尊重。从而激发学生对体育课的兴趣。比如，在课堂中那些技术动作差的学生，教师要热情地指出动作问题，帮助他们掌握动作要领，对那些学习态度不端正的学生，教师切莫冷淡、讽刺、挖苦、公开过激地批评，而应耐心地讲明道理、说服他们。这样就会消除师生间隔阂，达到关系和谐。

（五）教学方法和手段美

教学方法和手段的运用是否得当，是教师提高教学质量的可靠保证。以前的体育教学模式单调枯燥，使学生对体育课不感兴趣，因此在体育教学中，教学方法的选择和教学手段的应用要力求新颖多样，丰富多彩，既要有针对性，又要有艺术性和趣味性。比如，准备活动的练习动作要优美大方，队列、队形经常变换，力求形式多样。这样学生在练习过程中，就会感到练而不厌，学而不倦。又比如，在课的结束部分，根据课程内容编排一些节奏流畅、动作新颖、科学合理的徒手操，或配些音乐，组织学生练习一些健美操，调节单调的课堂气氛，从而培养学生良好的身体姿势，增强学生的协调性和节奏感。

（六）教学环境美

俗话说"见景生情"。环境对人的心理既可以产生积极作用，又可以产生消极作用，也就是说环境的优劣将直接影响教学质量和教学效果。因此，我们应该注意教学环境美，选择清静、幽雅、舒适的教学环境，使学生思想专一，情绪稳定，以求提高学习效果。

教学场地的布置力求做到整齐，干净舒适，粉线清晰，因为这样的学习环境会使人兴奋，跃跃欲试。如果场地脏乱，布满灰尘，学生则会感到烦躁，这样会抑制学生的运动状态，不利于教学，也不利于学生的身心健康。器材摆放要整齐、美观、有序、合理，从而使学生产生兴奋、想练的心情，如教学中用整洁的海绵垫练习技巧；用洁白的栏架学习跨栏。随着课程标准的改革和更新，对教师提出了更高的要求。作为一名体育教育工作者，也需要不断改进教学方法和手段。所以对于教学的场地布置和自制道具都有了更高的要求。排球专项课堂中，高三年级的教学内容是扣球。这个动作很难教，对于学生来说也很难学。特别是空中触球的点很难找到。于是我自制了一个能将球挂在排球网上沿的道具，让学生能够跳起来扣固定空中球，减小了难度，也让学生体会到了动作的时机。学生学习积极性特别高，基本上一节课的时间都在练习，效果也很好。此外还能用各种新器械学习武术，学生对教学器材产生了好感情，就会提高学习的兴趣和积极性。

（王珏慧）

第三节

美育与学科教学的融合

美育与人文学科教育的融合实践

高中语文悲剧作品中的美育渗透

　　悲剧被认为是艺术的"最高阶段和冠冕"。它的美在于悲剧人物的苦难蕴含着丰厚的社会内容和深刻的社会意义，其美学价值给我们提供了认识世界的崭新视角。因此，高中语文悲剧教学不容忽视，其教育内容涵盖面广，艺术家把满腔的同情和热爱给予悲剧主人公，用浓烈的感情色彩塑造悲剧形象，用他的毁灭揭示社会黑暗势力的罪恶，以此让学生体悟悲剧艺术的"崇高美"。本文中，笔者就高中语文悲剧作品中的美育渗透谈几点自己粗浅的认知。

一、悲剧的起源与悲剧的概念

悲剧发轫于古希腊，由萨提尔（Satyr）剧演变而来，被称为"山羊之歌"，是一帮演员装扮成山羊围着祭坛表演，纪念酒神狄奥尼索斯，悲剧就是由这种表达对英雄崇拜之情的哀歌发展而来。中国悲剧的起源，一般认为是《九歌》，它用神话传说来显示人们的美好愿望与不可抗拒的自然力量之间的悲剧性冲突。

西方美学史上奠定悲剧理论基础的亚里士多德（Aristotle）在《论诗》中对悲剧艺术进行了系统的总结："悲剧是对某种严肃、完美和宏大行为的摹仿，它借助于富有增华功能的各种语言形式，并把这些语言形式分别用于剧中的每个部分，它是以行动而不是以叙述的方式摹仿对象，通过引发怜悯和恐惧以达到让这类情感得以净化的目的。"[1] 到了德国古典美学时期，黑格尔（G. W. F. Hegel）提出了悲剧发生于"矛盾冲突"的理论。

鲁迅说："悲剧将人生有价值的东西毁灭给人看，喜剧将那无价值的撕破给人看。"《现代汉语词典》中对于悲剧有两种解释，一是戏剧的主要类别之一，表现主人公与现实之间不可调和的冲突及悲惨结局为基本特点，这是狭义的悲剧概念；还有一种是比喻不幸的遭遇，这其实是指广义的悲剧，可以泛指美学范畴中悲剧文学作品[2]。笔者通过对悲剧起源、发展的梳理，形成了自己的粗浅认知，本文中的悲剧是指广义的悲剧，它有着以下两个特点：悲剧主人公或美好的事物遭到毁灭；具有激烈的矛盾冲突。

二、高中语文悲剧作品概述

上海高中语文自 2019 年秋季开始使用统编教材，面市、公开发行的只是高中起始年级，高一两册教材中收录了不少古今中外的悲剧作品。下面笔者就以教育部组织编写，人民教育出版社出版的语文教材为例来做简要概述。

---

① 亚里士多德著，颜一、崔延强译. 修辞术·亚历山大修辞学·论诗 [M]. 北京：中国人民大学出版社 . 2003.
② 现代汉语词典 [M]. 北京：商务印书馆 . 2002.

（一）有悲剧因素的作品未必是悲剧作品

《套中人》的主人公别里科夫脸色苍白，身体孱弱，惶惶不可终日，婚姻失败，最后甚至在战战兢兢中结束生命，可以说他的身上有着一定的悲剧因素。然而他是沙皇政府的忠实拥护者，仇视一切新鲜事物，思想僵化保守，他既阻碍社会进步，也扭曲了自己，他的形象不符合"有价值的东西被毁灭"，所以不作为本文探讨的对象。

（二）有艺术加工的作品才是悲剧作品

《琵琶行》虽然写了琵琶女的悲剧故事以及作者自己的不幸遭遇，然而是作者白居易以真实事件为素材的叙事性诗歌，从悲剧理论来看，现实中的灾难并不能成为悲剧艺术作品来欣赏。悲剧中的可怕事件应是从现实生活中提炼出来，与观众保持一定审美距离的事件，所以它并不是本文论述的悲剧作品。

（三）大团圆结尾的作品，未必是喜剧

《促织》和《窦娥冤》都以大团圆结尾，这正是中国传统古典悲剧包容一切、成熟多元的表现。统治者利用它维护自己的统治，老百姓身受苦难，"大团圆"给予他们心理的补偿；而高级的悲剧欣赏者，却能看透"大团圆"结局的人为不可能和其中借助"超自然力量"的惯用套路。这种"因果报应"在现实中完全不可能实现，这无疑给"大团圆"增添了一抹更加浓重的悲剧色彩。

三、高中悲剧作品的教学意义

（一）崇高精神的培养

崇高精神有助于青少年形成正确的价值观，唤起忧患意识与责任意识。

"一幕悲剧能引着我们走进强烈矛盾的情绪里，使我们在幻境的同情中深深体验日常生活所不易经历到的情境，而剧中的英雄因殉情而宁愿趋于毁灭，使我们从情感的通俗化中感到超脱解放，重尝人生深刻的意味。"[1]悲剧性作品正是通过这种令人痛心的毁灭，在极其鲜明的对比中肯定正面人物的价值。

高中生已经具备了"审美"和"自省"的能力，就应让他们置身于茹志鹃

---

[1]　宗白华.美学散步［M］.上海：上海人民出版社.2000.

的《百合花》中，曹禺的《雷雨》中，曹雪芹的《红楼梦》中，以及《哈姆雷特》《窦娥冤》等作品中，让他们在"枪林弹雨""电闪雷鸣"的恐吓下感受到生命的威胁，体会到自己作为青年的社会担当。

（二）审美能力的培养

审美能力会激发学生对美的向往和对丑的憎恶。

普通高中语文课程标准十分注重学生审美能力的培养，作为审美范畴之一的悲剧性，其本身蕴涵着深厚的审美性，是审美教育中不容忽视的一种美感。悲剧性作品的美感，表现为在悲剧激烈的矛盾冲突中，对真善美的肯定，往往与崇高和壮美相联系，使人产生深沉而巨大的同情和心灵震撼，并以其深刻的艺术感染力，给人以激励和启示，引发人们深层次的审美感受。

（三）生命激情的培养

如今的莘莘学子，生活和学习条件都有很好的保障，然而在得到了这些优越的物质条件和精神享受的同时，却鲜有追求美好理想时的那份执著和战胜艰难险阻时的那份信念和魄力。悲剧性作品为高中生重现了种种磨难与困境，为学生提供了一个经历变故、体验挫折的机会，给他们的生命注入积极、乐观、坚强的血液，这无疑比给予他们其他任何财富都更有意义。

四、高中悲剧作品审美教学的薄弱现象

（一）社会大背景的反思

如今，社会流行"佛系"思想，或崇尚享乐，或思想悲观，甚至有不少自我戕害的现象。从语文课本人物到黑洞照片，都难逃恶搞的命运，这些沸沸扬扬的事件都是人们悲剧意识的缺失造成的。缺失悲剧意识，就会缺乏敬畏心和崇高心。

（二）悲剧教学现状的反思

1. 学生与悲剧的疏离、隔膜

由于高中生缺乏悲剧知识，鉴赏能力不足，所以对悲剧的价值认识模糊。高中的学业压力大，碎片化浅阅读这种消遣模式大行其道，因而悲剧阅读极为

被动。加之悲剧本身存在错综复杂的矛盾关系，需要读者对作品深入挖掘。这一些都造成学生未能把审美痛感升华到审美快感，仅停留在感性而未能上升到理性层面。

2.教师在悲剧教学中的疏漏

悲剧作品大多教学难度大，而教师的悲剧教育的主观意识淡薄，教学方法的单一更造成教学过程的枯燥。由于高考中鲜有涉及悲剧的考点，所以造成高中课堂对悲剧教育的忽视，而且很多教师的教学过程设置不合理，只是蜻蜓点水般介绍写作背景和作者，提炼文本主旨和写作特点，这种教学方式造成学生情感新鲜度降低和审美疲劳加剧。总之，单一的方法，八股的教法，仓促的教学把鲜活而有生命力的，内涵丰富的悲剧作品上成了政治主题课。

五、高中悲剧作品的审美教学探究

（一）解读悲剧作品的丰富意蕴

（1）要了解悲剧的本质特点是"有价值的东西被毁灭"，教师在教学中要找准悲剧的审美对象是"有价值的东西"以及理解悲剧"被毁灭的形式"。

（2）要抓住悲剧的要素。首先是要聚焦悲剧的冲突，悲剧的矛盾冲突构成振奋人心的强大力量。其次，鉴赏悲剧要抓住悲剧的结局，既要体悟"被毁灭"的结局，让读者做"真正的猛士"，"敢于直面惨淡的人生，敢于正视淋漓的鲜血"；又要理解"大团圆"模式的结局，敢于直面"大团圆"背后惨淡的人生，敢于正视"大团圆"背后淋漓的鲜血。

（3）要理解东西方悲剧的不同之处。任何一种文学样式的存在和发展都有自己的文化背景作为依托，我们只有深入分析，了解这种文学样式的根，才能真正理解它的魂。

西方悲剧的起源地古希腊紧靠地中海和爱琴海，丰厚的海洋资源让古希腊可以从事海上运输、海外贸易和海外文化交流，使经济高度发展，所以处在这种环境中的古希腊人，持有强烈的冒险精神和怀疑精神，这些特点在西方悲剧中均有表现出来——主人公积极斗争，有着英雄主义气魄和崇高的精神和品质。

中国古代形成的小农经济追求的是自给自足，以儒家思想"中庸之道"为核心的中国传统文化培养人温良恭俭让，宽容忍耐，所以在中国的悲剧中，将惩恶扬善的伦理批评本质呈现得淋漓尽致，其间暗含着一种对命运的服从和圆满结局的愿望。

这正说明了为什么西方悲剧通常是矛盾冲突到了高潮，突然就结局收尾，给人以巨大的震撼效果，而中国悲剧无论受到多大的挫折与磨难，最后都会以大团圆的结局呈现在观众面前。通过探究挖掘，我们能领略不同民族、不同国家的文化美。《普通高中语文课程标准》（2017 年版）的课程目标也如是说："通过学习语言文字作品，懂得尊重和包容，初步理解和借鉴不同民族、不同区域、不同国家的优秀文化，吸收人类文化的精华。"

（二）思考悲剧作品的教学设计

学生的审美体验越强，对作品的认识就越深，审美思考就越活跃，对文本意蕴的理解就越丰富。所以教师要充分调动学生的审美体验和思考，要采用科学高效的教学方法去激发学生的情绪，拉近学生与作品的距离。

1. 设境教学

教师在教学中通过创设与作品相吻合的情境，拉近学生与作品的距离。可以采用音乐、视频等多媒体的运用，营造氛围，引导学生进入到悲剧作品中来。比如上《雷雨》的时候，可以让学生先看一段视频，让演员精湛的表演打动学生；抑或是在朗诵经典片断时放一段背景音乐，形成强大的感情磁场，吸引学生靠近悲剧。

2. 体悟教学

体悟教学是将教学过程视为生命体验的过程。其中"体"是教学过程，"悟"是教学目的，教师要用学生的生活经验去激发他们对悲剧的情感体验，让学生适身处地感受悲剧主人公的命运及情感。

3. 探究教学

探究教学的首要任务是明确问题，之后围绕问题搜集信息，学生通过自主搜集整理问题，对文本做更深入的理解。这种教学方法特别适合篇幅较长的文本，笔者以《哈姆雷特》为例，设计了三个预习任务：（1）"生存还是毁灭，这是一个值得考虑的问题。"这句莎士比亚的经典台词引发一代代人的思考，它背后有什么含义？哈姆雷特究竟在思考什么？（2）你认为造成哈姆雷特悲剧的原因是什么？（3）戏剧反映了什么样的社会矛盾？学生就是这样带着问题去自主探究文本，对这部悲剧有了更深入的了解。

4. 比较教学

比较教学是采用比较的方法对悲剧作品进行赏析的教学。采用这种教学方法能让学生从不同角度深入了解文本的鲜明特点，拓宽学生的文化视野。比如将《窦娥冤》和《哈姆雷特》进行比较，这两部不同时代、不同文化背景下的悲剧作品在艺术方式、文化观念等方面都有着明显的不同，也都有着对命运的抗拒。

（王丽云）

高中语文文本赏析中美育渗透

　　文学欣赏是读者为了满足审美需要，在理解文学作品的基础上，通过想象、联想、情感、思维、再创造等心理活动，以追求理论著作的可读性和趣味性。中学语文教师在高中阶段能充分利用阅读课让学生在自主阅读的同时积极发挥主观能动性，在自己生活经验和社会阅历的基础上，通过教师点拨，学生交流互动，对文学作品中的人、事进行艺术再创造。文学欣赏是这种强烈的主观性与欣赏客体对主观性的制约相统一的过程。本研究旨在通过高中语文阅读指导课程，探讨文学作品审美赏析水平对学生成长发展的影响。

一、课本教材拓展阅读

　　上海二期课改的高中语文课本是以主题为设计单元的，设计者的目的十分明确："开发语言潜能，提高语文素养""增加文化积淀，提高文化品位"，教材的内容在注重体现语文知识和能力要求外，又注意学生人文素养的培养，开阔他们的文化视野，提升他们的文化品位。为此，在教学的时候，我校又根据教材补充拓展资料。以高一学年为例：

时间	单元序号	专题名称	补充文本
高一上	第一单元	生命体验	毛泽东诗词选读、居里夫人《我的信念》、爱因斯坦《悼念玛丽·居里》、梁衡散文选读《把栏杆拍遍》、冰心《谈生命》、毕淑敏《我很重要》
	第二单元	美好亲情	沈从文《边城》、史铁生作品选读《我与地坛》、小乔《母亲的目光》
	第三单元	人我之间	欧亨利小说选读《麦琪的礼物》《警察与赞美诗》《解读霍金的宇宙》及其相关名句

（续表）

时间	单元序号	专题名称	补充文本
高一上	第四单元	诗歌及其欣赏	新诗选读、朦胧诗选读
	第五单元	树木花卉	《诗经》选读及名句、柳宗元《蝜蝂传》《梓人传》、林纾《记超山梅花》
	第六单元	古代小说及其鉴赏	蒲松龄《聊斋志异》、曹雪芹《红楼梦》
高一下	第一单元	平民生活	杨绛《我们仨》《干校六记》
	第二单元	杰出人物	郁达夫《怀鲁迅》、林语堂《悼鲁迅》、唐弢《琐忆》（以上任选）、乔治桑《贝多芬田园交响乐》
	第三单元	为理想而斗争	马克思《青年在选择职业时的思考》、鲁迅《中国无产阶级革命文学和前驱的血》《记念刘和珍君》
	第四单元	小说及其评析	契诃夫《变形记（二）（三）》、《饥饿艺术家》、鲁迅《药》
	第五单元	亭台楼阁	贾谊《过秦论》、苏轼《超然台记》、归有光《寒花葬志》《先姚事略》、袁枚《祭妹文》（以上任选）
	第六单元	古诗及其赏析	《陌上桑》《木兰辞》、余光中《寻李白》、王维《终南别业》《辋川闲居赠裴秀才迪》、杜甫《登高》、陆游《临安春雨初霁》

　　教师在教学中结合主题，补充拓展文本，学生在阅读中明确单元主题，真正体会到文本阅读的乐趣，有的文章本身是节选，补充并阅读文章全部，学生可以完整地了解内容，又加深了对文本理解，可谓一举两得。实际上这些选文都是从老师平时的教学积累中选出，都是学生认可和喜欢的精品，多是以文化眼光观照人物、历史、思想、典籍等内容的文章。学生通过阅读，有助于提升自己的知识层次、阅读素养与能力。本着弥补教材课文篇幅短、容量小、题材

单调、主题狭窄的缺陷，学生在阅读中体味人生的百态，将阅读作为解读生命经线的智慧之学。

二、视频观摩

《普通高中语文课程标准》（2017年版）强调："学生在语文学习中，通过审美体验、评价等活动形成正确的审美意识、健康向上的审美情趣与鉴赏品位，并在此过程中逐步掌握表现美、创造美的方法"。高中学生已具备一定的审美能力、探究能力，随着语文教育的改革和中学课堂多媒体设备的广泛应用，视频在中学语文课堂上的使用越来越普遍，为学生喜闻乐见并在课堂教学中起着越来越大的作用。以中学语文教学目标为依据，在课堂上适度使用视频材料，可以充分引起学生的注意力，调动学生的学习主动性，培养其阅读兴趣，增强其对作品的理解能力，提高其分析能力和审美能力。从视频之中，学生能够体悟名人千姿百态的人生中所蕴含的生命真谛，从而观照自己的人生。

（一）从提高教学时效出发，拓展学生审美视野

在上海高中教材中，选读了一些长篇小说或戏剧，学生的学习科目多、任务重，适当地以视频插入进行教学，不仅减轻了学生学习负担，又提高了上课的时效性，同时还能让学生的阅读视野拓宽。比如学习杨绛的《老王》，让学生看钱钟书和杨绛先生的介绍，从视频中，学生了解到杨先生在80多岁高龄还设"好读书"奖学金，是"真善美给了先生孤独生活下去的勇气"。学习《边城》，让学生看沈从文先生的介绍，学生从中了解沈先生笔下的乡村世界是在与都市社会对立互参的总体格局中获得表现的，而都市题材下的上流社会充满"人性的扭曲"，在"人与自然契合"的人生理想的烛照下获得显现，正是他这种独特的价值尺度和内涵的哲学思辨，构起了沈从文笔下的都市人生与乡村世界的桥梁，也正由于这种对以金钱为核心的"现代文学"的批判，以及对理想浪漫主义的追求，使得沈从文写出了《边城》这样的理想生命之歌。学习《老人与海》，在观摩了视频短片之后，学生才能走进小说中的人物，去体会主人公在孤独、背运、贫穷、年老体衰之后，仍然拥有乐观、自信、坚韧、不屈

不挠的顽强精神，懂得一个人在面临厄运甚至绝境时，应该永不屈服、永不放弃！

课例:《老人与海》教案示例

问题：桑迪亚哥是怎样的人？你怎样看待他的失败？

"硬汉"形象：孤独，背运，贫穷，年老体衰，但是他乐观、自信、坚韧、顽强，能够忍着饥饿、疼痛、贫穷，竭尽全力，不屈不挠。一个面临厄运甚至绝境，永不屈服、永不放弃的"硬汉"形象。

◇ 观点1：一个人一旦有了这样的精神，他就是这个世界上最勇敢的人，不可战胜的人！

◇ 观点2：人生谁能没有失败？就像人学走路，也得摔跤，而且只有经过摔跤，人才能学会走路。失败可以毁灭一个人，也可以造就一个人，有人因为害怕失败不敢追求成功，这就是弱者。

◇ 观点3：做人应该这样，不要一副神情沮丧的样子，要对自己有信心。人无论怎样，最怕的就是没有信念。如果你做一件事有了信念，你就等于成功了一半。书中主人公充满信念、锲而不舍的精神，正是我们所要学习的。

名言名句

（1）我们来到世界上就是为了不妥协 ——高尔基

（2）我要扼住命运的咽喉，它休想使我屈服。 ——贝多芬

（3）古之成大事者，不惟有超世之才，亦必有坚忍不拔之志。

——苏 轼

（4）天将降大任于是人也，必先苦其心志，劳其筋骨，饿其体肤，空乏其身，行拂乱其所为，所以动心忍性，曾益其所不能。

——孟 子

（5）横眉冷对千夫指，俯首甘为孺子牛。　　　　　——鲁　迅

（6）为中华之崛起而读书。　　　　　　　　　　　——周恩来

（7）宏图在肩，超越自我。　　　　　　　　　　　——洪战辉

（二）从培养学生兴趣出发，提高学生审美能力

有一段时间《朗读者》和《古诗文擂台赛》成为中央电视台的黄金节目，我们选取了"遇见""选择"和擂台赛总决赛这几个主题让学生观摩。虽然是朗读，但在一个个人物声情并茂的朗读中，学生得到了人生启迪。"遇见"中的柳传志朗读了一段父亲写给他的话："只要你是一个正直的孩子，不管你从事什么行业，你都是我的好孩子。"柳先生遇见了一位开明的父亲，才有了他今后事业的发展，成为时代的领跑者。还有许渊冲老人，90多岁高龄，笑对生活，他说道："生命不是你活了多少日子，而是你记住了多少日子，要使你过的每一个日子都值得回忆。"在这些人物身上，学生既得到审美愉悦，又开启人生启迪，他们在写作中也会提及这些人物，榜样的力量促进了学生学习的动力。

三、课前说话训练

语文学科的特性带给学生美的表达与创造，也要求学生能运用语言文字表达自己的审美体验，表达自己的情感、态度和观念，表现和创造自己心中的美好形象。在教学中，我按照学生的年龄段适当布置有关主题，让学生在寻找说话的主题中解读人物。

（一）在"说"中表达自己的审美体验

在实践中，教师尝试设立主题，如高一的主题是"新书拾趣"，高二的"人生百态"，高三的"热点点击"等，"说"的主题活动特别适合课堂气氛比较沉闷的班级，因为人人要上台讲话，同学们都积极准备，展现自己最好的一面，虽然"说"的时间是短暂的，但教师结合学生的身心发展和高中语文教育教学的需要，认真地进行引导选择，让课前说话训练成为学生解读经典作品、

获得审美愉悦的桥梁。

（二）注意趣味性、思想性、关联性和时代性

切实践行好读书，读好书，把课内学习与课外阅读有机地联系起来，在拓宽学生学习领域中提升语文综合素养，可谓益处多多。

在一个经典被冷落的特殊时期，要提升学生的人文素养，我们有必要给学生补充一点"经典文化之钙"。为了保持学生的课外阅读兴趣和丰富的实践体会，高中教师应在教学中引导学生开展"阅读后的活动"，实现文本阅读与实践的和谐链接，更好地促进学生审美情趣。

（钟济民）

高中语文戏剧作品中的美育渗透

在教育部新修订的《普通高中语文课程标准》（2017 年版）中强调了语文学科的四大核心素养。其中，"审美鉴赏与创造"指的是学生在语文学习中，通过审美体验，评价等活动形成正确的审美意识，以及健康向上的审美情趣与鉴赏品位，并在此过程中逐步掌握表现美、创造美的方法。"课程目标"的第8点指出：鉴赏文学作品，感受和体验文学作品的语言、形象、情感之美，能欣赏、鉴别和评价不同时代、不同性格的作品，具有正确的价值观、高尚的审美情趣和审美品位。而戏剧是一种运用文学、舞蹈、音乐、美术等艺术手段塑造人物形象，反映社会生活的综合性舞台艺术。戏剧教育是美育的重要组成部分，是美育的重要载体。现行沪教版的高中课文节选了四部戏剧作品《雷雨》《曹操与杨修》《哈姆莱特》《关汉卿》《窦娥冤》，这些戏剧中的经典作品蕴含了丰富的人生情感、生活态度和价值观，从不同的侧面反映了不同国家、不同时代的审美理念。通过戏剧教学不仅能够培养中学生语言运用的能力，还可以塑造中学生的审美观，充分体现了中学语文戏剧教学的价值追求。通过角色扮演、情景体验等方式，更可以让学生浸润在美的体验中，在情景中生发出美的赏析与表现力，在参与中激发出美的遐想与创造力。

本文就将以《雷雨》和《哈姆莱特》两篇课文为例，从情节美、语言美、人性美三个方面来谈谈如何将美育功能渗透在戏剧文学的教学中。

一、在欣赏中领略戏剧的情节美 ·····················

戏剧要在舞台上表演，这使得它与小说、散文等文学样式和电影、电视等艺术品种相比，在时间和空间上有极严格的限制。在剧本创作中就必须特别考虑作品的容量，选材要严格，材料组织要缜密。

西方戏剧理论中的"三一律"就说明了这个特点。"三一律"亦称"三整一律"，最早由文艺复兴时期意大利戏剧理论家提出，后由法国古典主义戏剧家确定和推行。"三一律"规定剧本创作必须遵守时间、地点和行动的一致，即一部剧本只允许写单一的故事情节，戏剧行动必须发生在一天之内和一个地点。法国古典主义戏剧理论家布瓦洛（Nicolas Boileau Despreaux）把它解释为"要用一地、一天内完成的一个故事从开头直到末尾维持着舞台充实。"

"三一律"作为古典主义戏剧的一条固定法则，对剧本创作是一种严重的束缚，它最终被打破是势在必然。不过，作为戏剧结构的一种形式，它可以使剧本结构更趋集中、严谨，一些剧作家也曾运用它写出成功之作。

《雷雨》就是这样的一部作品，它讲述了 20 年代某年夏日的一个午后，从济南来到周公馆看望女儿四凤的鲁妈，在这里和周公馆的主人周朴园不期而遇，周公馆中所有人物的命运由此发生了巨大的变化。

《雷雨》通过一天时间（上午至午夜两点），两个场景（周公馆客厅和鲁家），集中展示了周鲁两家前后 30 年纷繁复杂的矛盾纠葛。故事发生在不到 24 小时之内，时间集中，地点也集中，整部戏都是巧合，没有多少拖泥带水的东西，一切都又是顺乎自然的。"五四"以来的剧本创作，还没有一个人像曹禺在戏剧结构上这样高超，这样妙手天成。他把几条线索交织起来，错综地推进，环环相扣，并非完全没有雕饰的痕迹，但就其严谨完整来说，在中国话剧史上也堪称典范。

二、在研读中领略戏剧的语言美

《雷雨》的戏剧语言令人着迷。戏剧是种外来的形式，从开始的文明新戏到"五四"时诞生剧本文学，最困难的是能否形成一种戏剧语言，既能供演出又能供欣赏，还能为中国人接受。高尔基说过："剧中人物之所以被创造出来，仅仅是依靠他们的台词，即纯粹的口语，而不是叙述的语言"。这点同中国戏曲是不同的。在《雷雨》之前，我国的戏剧作品语言上存在的问题较多，要么是过于书面化，要么是有欧化倾向；或者是抒情性强但缺乏戏剧性；或者是人物的语言缺乏个性。而《雷雨》却创造了一种具有高度戏剧性的文学语言，而且是具有曹禺创作个性的戏剧语言。《雷雨》的语言让人耳目一新，在通常的口语中蕴含着一种巨大的诱惑力。虽然没有华丽的辞藻，却富有强烈的抒情色彩，能让人感受到它丰富的潜台词，能把人物内心的隐秘都表现出来。每个人物的说话口气、身份、性格、分寸都刻画得细致入微。

比如《雷雨》第二幕周朴园与梅侍萍相见那场戏，当周朴园还不知道站在他面前的就是侍萍时，表现出一种眷念、忏悔之情，当认出侍萍后，露出了资本家伪君子的真相。他严厉地责问："你来干什么？""谁指使你来的？"这两句从下意识中冒出来的话，是有言外之意的。前一句话"你来干什么？"的潜台词有两层意思：其一，你大可不必到这儿来；其二，带有一种威胁之意：你想来敲诈我吗？后一句话"谁指使你来的？"的潜台词是：不是你，那一定是鲁贵指使你来敲诈我的。他非常害怕他和侍萍之间的往事暴露在鲁贵这个下人面前，这对他的名誉、社会地位都是一个严重的威胁。这两句"言外之意"的潜台词，对于表现周朴园的虚伪性格起到了重要的作用。

同样在这一幕中，鲁大海在揭露周朴园罪恶的发家史时，侍萍目睹了离别20多年的长子周萍打自己另一个儿子鲁大海时，她的问话表现出了内心世界的痛苦变化。"她大哭起来，不禁冲口而说出了这样一段话：哦，这真是一群强盗！（走至周萍面前，抽喝）你是萍，凭——凭什么打我的儿子？"

这段话饱含了侍萍极其复杂的感情，而且感情急剧变化，从震惊到清醒到愤怒。周家父子这样对待鲁大海，是侍萍所没有想到的，她感到非常震惊，但事实又使她幡然醒悟，所以她愤怒地斥责："这真是一群强盗！"周萍打了鲁大海两记耳光，犹如打在她的心上，她没有想到日夜想见的萍儿竟然这样狠毒。于是，她惊疑地说，"你是萍"，这明明是想认离别多年的儿子，言外之意是想说"你是萍儿"。话音刚出口，她答应周朴园不认儿子的要求又让她理智地把"萍"改为谐音"凭"，并愤怒地斥责"凭什么打我的儿子"。这一个谐音"凭"字的巧妙运用，确切地表达了她感情的急剧变化，内心世界的极大痛苦和悲愤。

莎士比亚的戏剧更是在语言的运用上独树一帜，将华丽的修饰语和充满活力的口语有机结合，充满力量和美感。《哈姆雷特》语言丰富而富于形象性，被喻为散文诗式的语言，尤其是在戏剧中运用了大量的修辞——明喻、烘托、双关、隐喻、矛盾等相互交融，又具有个性特色，把人物形象表达得淋漓尽致。莎士比亚是语言的大师，其在《哈姆雷特》中运用个性化的语言，描绘的人物语言符合人物身份地位及其所处的情境。按照人物的身份与处境的不同而使用不同的语言，文雅或粗俗，哲理或抒情，目的都是为了更有助于表现人物。克劳狄斯与波洛涅斯，雷欧提斯与奥斯里克，王后与奥菲利娅，哈姆雷特与霍拉旭，所用的语言都各如其人。同是一个哈姆雷特，装疯时的语言与平时也有所不同。

如哈姆雷特在"抑郁的心境之下"对世界的描述："负载万物的大地，这一座美好的框架，只是一个不毛的荒岬；这个覆盖众生的苍穹，这一顶壮丽的帐幕，这个金黄色的火球点缀着的庄严的屋宇，只是一大堆污浊的瘴气的集合……"这些都是莎士比亚在《哈姆雷特》中"真与美将偕汝其昌"完美体现。

三、在实践中领略戏剧的人性美

矛盾冲突是构成戏剧情境的基础和情节发展的动力，戏剧主要通过它来塑造人物形象，表现作品主题。戏剧冲突在作品中的表现方式是多种多样的。可能表现为某一人物与其他人物之间的冲突，有人把这种方式称之为外部冲突。也可能表现为人物自身的内心冲突，有人把它称为内部冲突。戏剧冲突的这两种方式，有时各自单独展开，有时则交错在一起，相互作用，互为因果。

谭霈生《论戏剧性》中说："认真地说，只有这种由鲜明个性构成的矛盾关系，才是真正的'戏剧冲突'。"这就是所谓的"戏在内心"。

这样的冲突让学生通过表演实践的方式来体验领略，其效果是远好于文字阅读的。当他们将书面的文字以表演的方式呈现出来后，他们对书中人物性格的分析就更为全面深刻。比如有学生这样分析周朴园的个性特点：

首先，我觉得周朴园和鲁侍萍之间是真心相爱的，周对鲁的态度不能算是玩弄女性。书中虽未交待当年两人之间的情感纠葛的具体过程，但从周萍和四凤的关系之上是可以折射出的。其次，"虚伪"一说也值得商榷。在当时，一个封建大家庭的大少爷和一个下人发生关系，诞下二子，本是一件"大丑事"，如果周是一个十足的伪君子，为了遮丑，就应该把这一切都消灭于无形，为什么还要弄出许多如屋内物件的摆放，开窗的习惯，给子取名周萍等以示怀念的事由来，这不是引人怀疑，授人以柄吗？我想，人到中年的周朴园内心世界一定是很复杂的。多年以来，一直生活在对往日恋人的追忆和深深的自责之中，但作为一个封建大家庭的当权者，地位、声望、家庭制度是他肯定要维护的，在两种矛盾的缠绕纠葛之下，内心一定备受煎熬。当他多年之后再次面对鲁侍萍时，这种矛盾之争达到了高潮。就在他认出侍萍的那一刻，看得出是真情流露的，但转瞬之间，理智战胜了情感，马上归于冷漠。这一段可谓是曹禺老先生的神来之笔，寥寥几笔，勾勒出了那复杂得难以名状的情感变化，又怎么能是一个"虚伪"能够概括得了的呢？

从20世纪初的蔡元培先生提倡"以美育代替宗教"的教育理念，到如今党的十九大明确提出"落实立德树人的根本任务，发展素质教育，推进教育公平，培养德智体美劳全面发展的社会主义建设者和接班人"的教育方针，美育就一直是教育的重要组成部分。我们要长期坚持，不断挖掘，强化学生的审美意识，激发他们热爱美、追求美的激情，以切实提高他们表现美、创造美的能力。

（何臻）

高中语文课外阅读教学中的美育渗透

一、研究背景

我国《普通高中语文课程标准》（2017 年版，以下简称"新课程标准"）的课程目标部分明确指出了"感受和体验文学作品的语言、形象和情感之美，能欣赏、鉴别和评价不同时代、不同风格的作品，具有正确的价值观、高尚的审美情趣和审美品位。"显然，美育已成为推进学生提高学科核心素养的重要方针。

随着科学技术的发展，信息的快速增量与传播，课外阅读教学也很快得到重视。但是从高中语文阅读教学美育现状可以看出，教师在考试制度、个人审美素养等因素的制约下，并没有将美育真正地带入语文阅读教学，导致高中生审美能力普遍低下。另外，由于高中生审美素养以及人文意识的普遍低下，更使得美育在课外阅读中的渗透困难重重。

二、概念阐释

（一）语文课外阅读教学中美育的内涵

席勒（Schiller）在《美育书简》中首次提出了"美育"的概念。美育又称"'美学教育''审美教育'。使学生掌握审美基础知识，形成一定的审美能力、培养正确的审美观点的教育。"[1] 美育作为增强学生核心素养的教育方针，对我国教育的发展有着深远影响。

关于语文课外阅读教学的美育观，杨斌认为"作为学科教师，首先应该考虑的是完成学科本身的教学任务"。在他看来，语文和美育二者之间可以融合，且似乎是一种目的与手段的关系。"语文教学美育，不应该是教学内容，也不应该是教学方法，应该是一种教学思想，一种教学观念。它可能会影响你教学

---

[1]　顾明远.教育大辞典（1）[Z].上海：上海教育出版社，1990.

中选择什么，也会启发你教学中如何去选择以及怎样去实践"。① 语文与美育融为一体，这是一种教学思想的实践，也是一种教学境界的表现。

（二）语文课外阅读中美育的功能

有关语文课外阅读中美育的功能，说法不一。钟兆忠在《朱光潜语文教育思想研究》一文中指出："语文美育即语文审美教育，是培养学生认识美、爱好美、创造美的能力的教育，某种程度上说是情感教育。"② 钱望园在《朱光潜论语文之美》一文中指出："语文美育的最终目的则是通过言语作品培养学生丰富的个性和健全的人格，培养学生的生命意识。"③

大体上，研究者们认为语文美育的功能主要分为"物质性的功能"和"精神性的功能"两个方面。前者主要有"引导学生吸收古今中外优秀作品的语言材料，借鉴前人创造'美'的经验、'美'的规律、'美'的表现方法等，形成合乎规格的听、说、读、写的能力，从而表现美、创造美"。后者主要是"借助文章的健康感情陶冶年轻一代的心灵，由外在的美好事物来塑造他们内在的美的心灵。"④

三、原则

将美育渗透课外阅读教学应该坚持以下两个原则：

（一）坚持以语文学科为主体的原则

教师在进行课外阅读教学活动中，实施的美育渗透应与语文学科基本要求及本质特点相符，体现出语文学科的基本特性，始终以语文学科为主体，不可本末倒置。

（二）坚持美育渗透适切的原则

课外阅读中的美育主要是利用文本内容，感受形象美、情感美、科学美等，从而实现最终育德功能。在整个教学活动中，对于美育渗透的内容、角度

---

① 杨斌.语文美育叙论［M］.南京：南京师范大学出版社，2005.

② 钟兆忠.朱光潜语文教育思想研究［M］.贵阳：贵州师范大学，2015.

③ 钱望园.朱光潜论语文之美［M］.杭州：浙江师范大学，2003.

④ 韦志成.我的中学语文美育观［J］.语文教学通讯，1987.

及具体的策略，始终要掌握渗透的适切性，使之合理有效。

四、策略

课外阅读中进行美育渗透，不妨采用以下几个策略：

（一）绘制思维导图

新课程标准指出："阅读是学生的个性化行为，不应以教师的分析来代替学生的阅读实践。"通过绘制思维导图，能实现学生对作品的个性化解读，自然渗透美育。

思维导图通常是对知识要素、结构和层次做可视化处理的一种图形。其最大特点是信息的可视化和知识的结构化。制作思维导图就是用点、线、面和符号等元素进行形象化处理的过程。有时还会加入文字、数字、颜色、代码、食物、动物、意象、节奏、音符等元素达到生动和深刻的效果。①

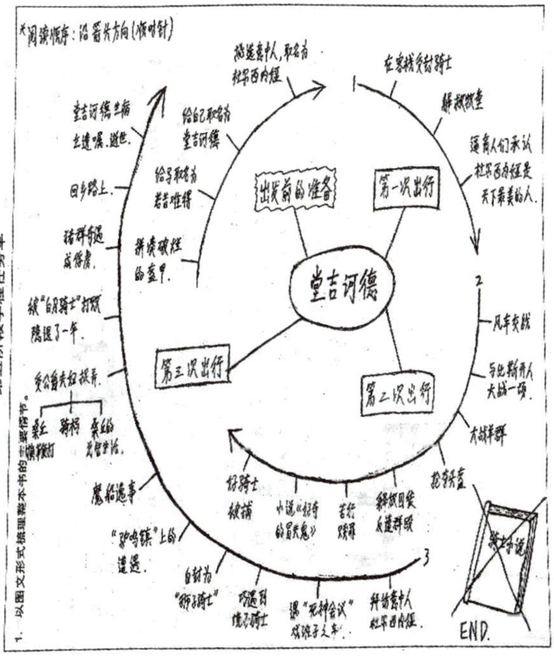

图 1　学生为《堂吉诃德》绘制的"思维导图"

---

① 黄玲波.思维导图，让整本书阅读向更深处漫溯［J］.小学教学参考，2017（13）.

该生以主要人物堂吉诃德为核心，以时间为序，将小说内容切割成四个部分，每个部分以小标题形式对应主要事件。该图表现了学生抓取核心人物、判断主要信息、语言组织概括的能力以及对于小说中人物、事件之间相互关系的分析能力。同时，该图的右下角，该生特意以"×"形和英文单词"End"来表达自身对于作家写作意图的理解。她认为，塞万提斯创作小说的目的是消灭骑士小说，讽刺批评骑士道精神。这个结论的得出是基于她对小说整体思想内涵的理解。另外，整个思维导图以螺旋形的方式由内而外呈现，以箭头指示读者阅读方向，既展现了她独特的阅读体验，又是她个人对小说内容的再加工，信息的重新整合与输出。在这个过程中，她利用文字、图画、线条等组合，图文并茂地将无形的思维可视化，把纯粹单一的文字变成富有创意的个性图画，这有利于学生对信息的梳理、存储以及发散性思维的开发，也极大地培养了学生的创造力。

制作思维导图的价值体现在它能够帮助学生进行比较、分类、概括、关联、分析、综合、评价和创造等工作。随着阅读的深入，学生的思维导图也日趋完善，彰显个性，能有效提高学生的阅读质量，提升学生的思维品质。

（二）创造性演绎

课外阅读教学中，教师可以引导学生对作品进行创造性演绎。大多数

图2 学生为《堂吉诃德》制作的海报

图 3 《长生殿》学生演出剧照

情况下，即为跨界输出。跨界输出指的是突破学科边界的输出方式，亦可指突破纸质媒介的综合性输出方式。具体表现为海报制作、课本剧演出等形式。

　　借助跨界输出的形式，促进学生对课外阅读的作品进行创造性演绎。既能加强对原作的深刻理解，也从不同的角度提升学生创造美的能力。用画笔描摹作品人物和情节，用形体表现作品内容，传达人物情感，这些方式可以使学生更自由而多彩地体验到文学作品的美，积累更多的审美经验，最终达到美育的最高境界——收获情感体验，培养个性，塑造健康有魅力的人格，形成积极深刻的生命意识。

五、教学效果

　　高中语文课外阅读教学的美育渗透能缓解当前高中语文教育的瓶颈障碍，进而对教师、学生、教材和教学等诸多要素产生一定影响。

　　通过美育渗透，真正实现"以人为本"的理念，以学生为审美主体，塑造他们的人格，使之具备改造世界的能力，最终成为知情意和谐统一的健全的人。例如通过品评诗歌，领略古典诗词音韵美，文字含蓄美，丰富情感，扩大想象空间；浏览小说，在情节冲突中感受人物命运的起伏，体验社会风情，了解历史文化，开拓视野；审读议论性作品，厘清概念术语，剖析文脉，提升思辨能力，欣赏理趣之美。

同时，基于新课程标准精神以及学生实际审美能力，我们为了达成更好的审美教学效果，会有意识地选择切合学生审美特点和需求的课外读物，并且提高教师个人对作品、对学生、对课堂的调控能力，使文本与学生保持适度的审美距离，从而改变较为僵化的传统阅读教学模式，构建多元互动的活力课堂。

六、以《边城》教学设计为例体现美育在课外阅读中的渗透 ⋯⋯⋯⋯⋯

《边城》是现行沪教版高一上册语文教材的课文，由于是节选，所以使得师生的教学限于"一叶障目"的困境。为了兼顾教材与课外阅读的教学设想，本人选取《边城》整本书作为渗透美育的教学设计对象。

课例：永恒的田园牧歌——《边城》整本书阅读教学设计

课前准备　请同学利用两周时间通读《边城》整本书，并完成以下学习任务：

1. 运用"思维导图"梳理小说主要情节。

2. 对原作进行批注式阅读，圈划感受深刻的语段，适当写出感受和疑问。

3. 采用小组合作的形式，探讨小说结局设计的创作意图。

教学目标　1. 品读《边城》，感受小说呈现的风景风俗之美，人性之美，文本之美。

2. 探讨小说结局设计的创作意图。

教学重点　品读《边城》，感受小说呈现的风景风俗之美，人性之美，文本之美。

教学难点　探讨小说结局设计的创作意图。

课时安排　1课时

教学过程

（一）导入

历时两周的自读《边城》差不多结束了，今天我们主要通过课堂交流的方式将同学们对《边城》的阅读心得以及困惑做一个总结。希望各位能够畅所欲言，各抒己见，共同体验、探寻小说《边城》的美。

（二）整体把握

1. 请同学展示个人绘制的"思维导图"，并做出解释说明。

> 设计意图 通过这一环节，以"思维导图"的形式，呈现学生对于小说情节以及主要人物的理解，既提升了学生信息筛选的能力，语言概括组织能力，也鼓励学生大胆进行个性化的解读，激发创造力。

2. 小说《边城》和我们以往接触到的小说相比，它有什么突出的不同？

> 设计意图 通过这一环节，使学生感受沈从文"散文化小说"的特点。具体表现为：情节淡化、人物虚化、结构散化。它没有刻意追求情节和人物性格的戏剧化，而是恢复生活原貌，展示自然生存下的人物命运。

（三）探究文本

1. 读完小说《边城》，可以用一个字"美"来概括，那么能否结合具体的语段来说说这个"美"表现在哪些不同的方面？

> 设计意图 通过这一环节，使得学生领略小说呈现的各种"美"。第一，风景风俗之美：边城的自然风景之美，如世外桃源，不染纤尘，令人神往。第二，人性之美。这里的民风淳朴善良，未受现代文明

的冲洗玷污，保留了人性的美好原貌。翠翠与两兄弟的情爱纠葛，翠翠与祖父的亲情，共同吟唱出了小说"爱"的主题，既有令人感动的美好又有让人唏嘘的遗憾。小说对于"爱"的注解不啻为一份人生可贵的启蒙，对于处于青春期的高中生而言，《边城》也是一份爱的体验与成长的馈赠。第三，文本之美。小说语言朴素，自然清新，很好地展现了沈从文这位文学家的艺术格调。质朴的文风，诗化的意境，给读者带来愉悦的审美体验。

2. 请小组代表发言，反馈对于小说结尾的理解。

设计意图 关于小说结尾的理解，不刻意追求统一的"答案"，而是引导学生多角度思考，形成个性化理解，并能自圆其说，有理有据。大体上会产生两种不同的结论，一种认为这是一出悲剧。可以从翠翠个人的自身原因、爷爷为人处世的性格原因、现实物质的原因等多角度进行说明。还有一种认为这是蕴含希望的结局。学生会从自身年龄特点出发，基于善良的本性，认为在青山绿水间等待就是一种希望。教师要做的是，从文本上升到学生的自我解读，再回归文本。教师适时补充创作背景，作家人生经历，其他作品主题等内容，目的是提供给学生另外一种参考，从而引导学生更深入地理解作家创作意图，领略掩盖在风景风俗、人性、文本之下的凄怆痛惜，收获更深层次的审美体验。

课外阅读教学中的审美渗透是将所有的教学因素（诸如教学目标、内容、方法、手段、评价等）转化为审美对象，使整个教学过程转化成为美的欣赏、美的表现和美的创造活动，使师生获得充分身心愉悦的一种教学思想理论、操作模式和方法。目前由于各种因素的干扰，美育渗透并不理想，希望此文能对大家有所启示。

（刘旭梅）

高中英语教学与美育的融合实践

——以一节阅读课《Revolutionary Artist》为例

美育，是一种用美的事物来感染和促进人的发展的教育，也是一种对于美的感受的教育。不同的学者对美育有着不同的见解。美育，从狭义角度看，特指学校的艺术教育；广义上的美育，则是将美学渗透到不同学科教学中形成的教育。席勒（Schiller）是现代美育思想的创始人，席勒认为，促进鉴赏力和美的教育，目的在于培养我们的感性和精神力量整体能够达到尽可能的和谐。朱光潜认为美育可以提升人的情感，净化心灵，培养健全的人格，使人的情感和精神得到自由和升华。教育的宗旨就是人的全面发展，而美育就是要发挥审美和艺术的教育价值，塑造学生完整的审美素养，培养学生健全人格。十九大报告中强调，要全面贯彻党的教育方针，落实立德树人的根本任务，培养德智体美全面发展的社会主义建设者和接班人。因此，英语教师有义务在课堂教学中，借助于精心创设的情境，挖掘英语学习过程中美的因素，把美育融于英语课堂教学，使学生在学习英语的同时，心智、情感、态度、价值观和人文素养都得到发展和提高。

一、英语课程目标与美育目标的融合

（一）美育是英语教学的目的任务之一，是贯彻教育方针的需要

《普通高中英语课程标准》（2017 年版，以下简称"新课程标准"）中指出，英语学科在课程建设中要落实立德树人的根本任务，着力培养学生高尚的道德情操、扎实的科学人文素质、健康的身心、良好的审美情趣，努力使学生具有中华文化底蕴、中国特色社会主义共同理想、国际视野、跨文化沟通能力，成为社会主义合格建设者和可靠接班人。

英语学科核心素养之一是它的文化意义，旨在培养学生个人修养，追求真善美的统一。因此，强调对优秀文化精神内涵的理解与鉴别，并将其内化为个

人的意识和品行，从而让学生养成健康的审美情趣和积极的道德情感，建构正确的价值观，具有自尊、自信、自强的良好品格。因此，英语学习的过程也是学习文化、追求审美、品格塑造的过程。教师在教学过程中，应充分利用语篇所承载的文化和育人价值，通过深度学习和活动，引导学生对主题和语篇展开探究，发展学生文化鉴赏力，促进积极的情感态度和正确的价值观形成。

（二）英语学科的工具性和人文性特征

英语学科与文学、美学相互关联，是文化的载体，具有工具性与人文性的双重属性。就工具性而言，英语教学承载着传授语言知识，培养语言能力和学习能力的任务，帮助学生掌握听、说、读、看、写、译等语言技能；就人文性来说，英语教学要借助语言学习，通过创设与主题意义密切相关的语境，充分挖掘主题所承载的文化信息，鼓励学生学习和运用语言，开展对语言和文化内涵的探究，关注学生的情感，提高学生的人文素养，而美学素养是人文素养的重要组成部分。应试导向是高中英语教学长期以来的弊端，许多教师只关注将英语课文中的考试高频词汇与短语进行机械讲解，要求背诵默写，却对课文中的"美"熟视无睹。在教学中只注重语言知识技能的培养，不能使学生通过语言学习感悟语言之美、欣赏艺术之美和体会生活之美，不能够具备审美感知能力，审美想象能力和审美欣赏能力，英语学科的文化意识这一核心素养也无从培养。因此，在高中英语阅读教学中，教师需要认真研究教材，充分利用英语赋予文本的美学特征，为学生传递美学理念，让学生去感悟语言美学、艺术美学以及生活美学，最终实现美学育人价值，提升学生的英语学科的文化意识。

二、教学过程中的美育渗透 ···

新课程标准提出指向学科核心素养发展的英语学习活动观，使学生在主题意义引领下通过一系列综合性、关联性和实践性等特征的英语学习活动，深化对语言的理解，对语篇的赏析，比较和探究文化内涵，汲取文化精华。下文将通过对"Revolutionary Artist"的阅读教学案例，探究将审美目标融入英语学习活动中的路径和方法。

"Revolutionary Artist"是一篇报纸文章，有很强的时效性，主要是毕加索画展在上海举办期间的对毕加索（Pablo Picasso）本人的介绍性文章，是一篇说明文。文章主题是人与社会中的艺术，讨论绘画领域的代表性作品和人物。全文包括4个部分，对毕加索的整体评价，毕加索立体画派风格的说明，绘画风格形成的原因及代表作品"格尔尼卡"的赏析。本身文本内容就含有丰富的美育资源，在指导学生进行英文阅读的同时，又充分挖掘其美育价值，培养学生艺术欣赏的意识与能力，围绕这一主题语境，在毕加索的立体主义画风和代表作的赏析讨论过程中，通过本节课，让学生学习和运用语言，开展语言、文化、思维和艺术的探究。在主题探究活动的设计上，注意激发学生参与活动的兴趣，调动学生已有的相关画家和艺术欣赏方面的背景经验，帮助学生建构和完善新的知识结构，对立体主义这一画派的特点、产生的原因以及代表作"格尔尼卡"有更深刻的认识，实现语言能力和文化意识的整合提升，学会对艺术作品的欣赏与表达。

（一）英语教学情境审美化创设——教学源于生活，运用回归生活

在进入主题文本阅读前，伴着关于梵高（Vincent Willem van Gogh）绘画的音乐《星空》(*Starry Night*)，同学们欣赏了几组从梵高、毕加索、张大千画展上所拍的照片。一方面，对之前梵高课文的复习，为整节课打下艺术欣赏的基调，创设审美化情境，增强了学习的趣味性和积极情感体验；另一方面，以我们生活中实际拍摄的照片为导引，请同学们将作品和画家自画像进行匹配，通过生活中的经验引出今天的主题内容：画家，画展，画风和主题任务，创设出审美表达式的语言情境，明确课后任务，要求同学为报纸写篇文章对毕加索的画展进行介绍。接下来，我们通过阅读对画家介绍的文章来进行文化知识和语言知识的积累和铺垫，对他的代表作加以分析讨论，最后要求去实地欣赏画展，并完成对画展介绍的任务。这些活动使得教学源于生活，运用回归生活，也就是在任务教学中提高学生的综合语言运用能力，使英语学习的过程与审美欣赏、审美表现的活动相融合，使整个教学活动以欣赏、体验和情感表现为核心和主线，促进学习活动中的认知与审美情感的有机结合。

（二）英语教学内容审美化改造——将艺术欣赏融入阅读教学

文章开篇，英国作家约翰·伯格（John Berger）把毕加索比作点石成金的

米达斯王，为我们开启欣赏的大门，让我们领略大师绘画的风采，教师请同学们根据绘画图片来分析讨论立体画派和传统画派的风格特点，同学们在情境化的教学氛围中，受到感染和陶冶，跃跃欲试，积极发言，然后通过阅读来进行深入学习，学生独立阅读，填写表格，通过链接图片，对相关特征加以拓展分析。我从绘画书中学到了很多传统绘画的"透视法"，展现给同学，不失"艺术老师"的专业性。

此外，文章中反复出现"guitar"（毕加索的作品《吉他》），因为这是毕加索"立体主义"时期多部作品的主题，就以多幅《吉他》为例，加以分析讨论。这里，课堂中设计了一个游戏活动，几幅画中都有吉他，请同学们猜测，哪一幅是毕加索的作品，学生根据刚才的分析判断，第二幅被打碎的才是，而事实上，都是毕加索的作品，不过是在不同时期。这样也避免只介绍他的"立体主义"的片面性，所以又介绍了"Blue period"和"Rose period"。吉他的变化反映出他绘画风格的变化，直到抽象到根本看不出那是把吉他，再请同学们猜那幅画里是什么，告诉他们标题"Woman Playing Guitar"（《弹吉他的女人》）时，学生一片惊呼，所有同学完全投入到作品欣赏与阅读中。

（三）英语教学活动审美化丰富——艺术源于生活，艺术反映生活

了解毕加索的怪诞的画风后，进入第三部分，分析开创"立体主义"的原因，引导学生认识到艺术是对现实生活的抽象反映。通过对题眼"Revolution"这个主题词汇的分析，请同学们在文章中去分析相关词汇的意义和美感，使学生在活动中充分感受到语言之美，激发学生表达热情。笔者在此将毕加索比作穿着画衣的爱因斯坦，因为他的相对论颠覆了人们对世界的看法，科学理论发展天翻地覆，政治运动风起云涌，反映客观现实的绘画势必以全新的视角来诠释这个世界，也为后面分析他的代表作做了铺垫，让学生了解"格尔尼卡"中他是如何运用全新的绘画方式，如何通过各种不同的形象反映社会现实。

在学习讨论了立体主义的特征和背后的原因后，进入最具代表性的作品"格尔尼卡"的赏析部分。首先请同学们观察"立体主义"是如何运用在这幅伟大的作品中的，对前面所学语言和文化知识加以巩固运用，然后请同学们分小组讨论大师中用到的各种形象的代表意义。通过以上对英语教学内容所具有

的内在审美因素的发掘，设计丰富的教学活动，运用现代媒体技术和艺术手段来呈现学习材料，使得英语学习活动向审美欣赏、深度表达转化，同学们热情高涨，纷纷举手发言。通过前面一系列的阅读和对比，赏析和讨论，学生的文化、语言、思维得以发生碰撞，学生感受并表现着语言之美、艺术之美，以及生活之美，充分实现了英语教学的美学育人价值。

三、英语教学评价中审美化要求

新课程标准指出，英语课程的评价应反映"以人为本"的教育理念，着重评价学生的学科核心素养发展状况和学生的发展与成长，以核心素养的内涵与水平划分为依据。根据新课程标准，英语学科的核心素养，依据个体不同程度的任务情境和表现特征，文化意识水平划分如下：

一级：了解中外优秀文化，形成正确的价值观，感知所学内容的语言美和意蕴美。

二级：感悟中外优秀文化的精神内涵，树立正确的价值观；理解和欣赏所学内容的语言美和意蕴美。

三级：分析、鉴别文化现象所反映的价值取向，自觉坚定文化自信；汲取优秀文化，具有正确的价值观、健康的审美情趣和道德情感。

根据这三级水平划分，学生对所学内容的语言美和意蕴美从"感知"到"理解和欣赏"到"审美情趣"，是一个逐步提升和深化的过程。当然，目前，关于文化意识的测评方法与手段还不成熟，还需要进行深入的研究。教师在对学生的评价过程中，要以此水平划分为依据，开展形成性评价，处理好日常评价和阶段性评价的关系。此外，英语学业水平考和高考的命题也直接或间接地考查学生的文化意识，可适当选择有设计文化背景和文化差异、反映情感态度和价值观的语篇，引导学生表达自己的观点和态度，提升学生的综合素养。

总之，英语及英语教学中的美需要重视和挖掘，高中英语是一门充满人文色彩和审美因素的学科。作为英语教师，我们要善于发现美，充分挖掘语言美，创设丰富多彩的美育情境，设计趣味性强的英语学习活动，引导学生感悟语言之美，理解艺术之美，如同艺术源于生活，反映生活，服务于生活，英语教学同样应该取材于生活，所学能够运用于生活，让学生体会生活之美。融美育于英语教学，以学生为主体，激发学生的兴趣，最终培养学生健康的情趣，融语言、文化、思维为一体，提升学生语言能力，文化意识，促进学生德智体美全面发展。

（朱梅）

高中英语教学与美育的融合渗透——"音英"结合

音乐，是一种艺术形式，能够陶冶人的情操，浸润人的心灵。美育，是培养学生认识美、爱好美、创作美的教育，是全面贯彻党的教育方针，落实立德树人根本任务，发展素质教育，培养德智体美全面发展的社会主义建设者和接班人中必不可少的一部分。

《普通高中英语课程标准》（2017 年版）明确指出，要着力"发展健康的审美情趣和良好的鉴赏能力"。如果教师将"音英"结合，并且渗透在英语美育课堂的多个方面，可以培养学生感受美、体验美、鉴赏美的能力，增强学生的课堂体验，有效实现英语美育课堂的教学目标。语音教学是英语教学中十分关键的要素，音乐和英语之间，音律、音韵、音长、音高等天然的相似性和奇妙的联系性，为"音英"教学提供了无限的可能。从本质上讲，之所以能用音乐的形式切入英语教学，是因为音乐与英语语言之间存在内在的、深层次的关联，"音英"结合可以使得英语课堂教学更加多维化，更加丰满，更加立体。

所以"音英结合"能通过美育塑造学生美好的心灵，着力发展学生的语言能力、文化品格、思维品质和学习能力的四个学科核心素养。笔者认为，在高中英语美育课堂的打造中，教师可以扮演"指挥家"的角色，从以下三个角度入手，进行结合音乐和英语的教学，带领学生徜徉在"音英"的海洋中，感受语言的优美和音乐的艺术美。

一、以"音"引入，激发学生感受英语美的能力

著名美国语言教育家斯蒂芬·克拉申（Stephen D. Krashen）提出的语言习得理论的核心部分认为，"可理解性输入"是学习语言的基础。理解了语言，它的学习过程是有趣的、愉快的，学习者会在不知不觉中习得语言。而"言语输出"，则必须要以学生当前的言语水平为基础，同时学生还要达到更高一级的言语水平，才能产生效果。

加拿大语言学家斯万（Swan）提出的"输出假设理论"表明，语言学习过

程中应该强调语言的输出。输出不仅能够让语言的使用更加流利，同时还可以不断地帮助学习者进行验证和修正自己对于输入的理解，从而达到更好的吸收效果。

以"音"引入，将英语歌曲作为"理解性输入"和"输出"的媒介，丰富了学生的学习环境，提供了肥沃的学习土壤，学生能够在英语歌曲中体会每个音节在单词中的正确发音以及其中的语调和连贯性，从而达到授课的最佳效能。通过英语歌曲的学习，能帮助学生掌握一定的发音规律，不仅有助于学生对自己的语言学习进行反复的检验和修正，还有助于学生流利地、自然地将所习得的语言运用在日常的学习和生活中，提高自身的口语能力。

笔者布置学生课前作业，让学生自行挑选一首自己喜欢的英文歌曲，在每一节英语课开始的前2分钟，站到讲台前，演唱英文歌曲。这个看似简单的课前热身活动，其实包含了学生自主发现美、模仿美、展现美的环节，激发了学生感受英语美的能力，体现了审美育人的过程。

（一）发现美

在前期自我挑选歌曲的过程中，教师必须对于歌曲的选择给予一定的示范或者进行一定的指导，例如选择的歌曲应当是积极向上、主题鲜明、旋律优美、意义深刻的歌曲，帮助学生自主发现美。学生在课前搜索英语歌曲的时候，挑选的一定是让他深受感动，能够产生共鸣的歌曲。当学生在感受一首动人的英语歌曲的时候，本身就达成了美育效果，因为实现美育目的的审美体验活动就是主体发现创造的过程。这种感动是发自内心的，而不是由老师向学生灌输的。

（二）模仿美

作为课前准备，教师必须培养学生对歌曲的感受能力。审美能力的基础就是感受力的培养。审美能力的培养不是老师去告诉学生这首英语歌曲表现了什么情境，或者表达了什么意义，而是让学生自发直观地感受英语歌曲的魅力，可能是歌曲的情感表达，可能是歌曲的旋律，也可能是歌曲独特的节奏节拍，每个学生会有不同的感受和理解。感受歌曲之美以后，学生才能对选定的歌曲进行一定的模仿和学习。通过语音语调、歌手演唱风格等的模仿，学生不仅能够培养一定的英语语感，还能够感受到歌曲本身的艺术魅力。音调和节奏能加强学生单词发音的练习，体会不同词组句式在表达中的不同用法，从而提升自身的综合能力。在模仿美的过程中，学生培养了一定的审美能力，具备了一定的审美意识。

（三）展现美

最后，每个学生在课堂中站上讲台演绎歌曲，这其实是他们各自在发现美、模仿美的过程之后获得的反馈。虽然这个过程离不开老师的引导、指导和组织，但是审美创造活动以及审美能力、审美意识的获得与发展都只能靠个体自身的积极投入才有可能实现。这一系列的审美实践，展现了英语的美。

二、以"音"讲授，培养学生体验英语美的能力 ·······························

蔡元培先生曾定义："审美教育是通过情感教育的渗透，从激发学生的学习兴趣入手，从而进一步促进学生的认知能力、意志能力和情感能力的协同发展。"英语信息的输入和输出应当紧密联系真实的、生活的情感体验。在课堂实际授课中，假如教师能提供真实化的语言学习材料，建立真实化的语境，对于培养学生体验英语美的能力会起到至关重要的作用。

笔者根据不同的教学任务，有针对性地选择与教学内容相匹配的英文歌曲，进行讲授，作为对课堂内容的补充和提升。其中，尤其注重选择一些经典的英文歌曲，因为它们不仅音乐优美，歌曲歌词优美，而且蕴含着大量优美的语言，正是吸引学生注意力，培养学生英语学习兴趣的好机会。

优美的英文歌曲包含地道的英语用语，规范的语法表达，对于学生的语言学习能够起到积极的刺激作用。经典歌曲《我相信我能飞》（I believe I can fly），这首家喻户晓的歌曲是 R. 凯利（R. Kelly）于 1996 年为由飞人迈克尔·乔丹（Michael Jordan）主演的电影《空中大灌篮》而创作的插曲。其中经典歌词简洁明了，朗朗上口，便于学生记忆，令人印象深刻。比如歌词部分："I believe I can fly. I believe I can touch the sky. I think about it every night and day. Spread my wings and fly away. I believe I can soar. I see me running through that open door."（中文：我相信我能飞翔。我相信我能触摸到天空。日日夜夜，我想象这一幕。展翅高飞。我相信我能高飞。我看见我穿过那敞开的生命之门。）教师应当在课堂中，帮助学生分析歌曲的词汇和语法现象，带领学生一起欣赏和倾听这首英文歌曲，体会其中的各种语言现象。当熟练的时候，学生自然而然地对歌曲的词汇和语法有了一定的应用能力，就可以在不同的语言环境中对这些词汇和语法结构进行辨别。这样一种跟着音乐走的语言学习模式，使得学生在不知不觉学习动人歌曲的同时，加深了对英语单词、词组和句法的学习，起到了潜移默化的教学效果。另一方面，作为一首鼓励人们正视苦难，永不放弃，自强不息的励志歌曲，有助于滋养学生的心灵，发现人性中的真、善、美，并给学生传递了一种音乐美，提高了学生的审美能力。

除了教授学生学习歌词的优美语言，给学生创设情境欣赏动人的乐曲以外，还应当挖掘歌曲本身背后所存在的情感和态度，这对于帮助和引导学生树立积极和正确的人生观、世界观和价值观，培养学生的情感体验能力起到了重要的作用。比如，著名摇滚乐队邦乔维（Bon Jovi）的歌曲《活在祈祷中》（*Livin' On A Prayer*），描述了相爱的一对夫妻面对生活的艰辛，不放弃，不低头，积极向上，辛苦奔波，奋斗拼搏的故事。歌词中提到的"We've got to hold on to what we've got. Cause it doesn't make a difference if we make it or not. We've got each other and that's a lot. For love, we'll give it a shot."（中文：我们要好好把握我们所拥有的一切，因为不论我们成功与否，那其实没有差别，只要我们拥有彼此，那就够了。为了爱，我们要奋力一搏）。从语言的韵律美角度来讲，歌曲中主唱那饱经沧桑的嗓音，在歌词的高潮部分，"got，make it or not，a lot，shot"等音节充分展现了英语的音律美，无不透漏出一种饱满而深沉的力量，让听者脑海中浮现出情侣两人生活的艰辛。从歌曲的情感美角度来讲，这首歌曲表达的情感背景和生活态度是：爱，是一切力量的源泉。无论在人生道路上碰到何种困难，都要相信爱，而这有助于帮助处于青春期的高中生们养成正确、积极的人生态度。

同时，教师在课堂中，应当积极通过经典英文歌曲，为学生创造机会，来和歌曲的主人公进行对话，进行心灵的沟通，体验英语美。比如说，瑞典歌手艾密莉亚·怀得堡（Emilia Rydberg）演唱的经典歌曲《大千世界》（*Big Big World*）："I'm a big big girl. In a big big world. It's not a big big thing if you leave me. But I do do feel that I do do will miss you much. Miss you much. I can see the first leaf falling. It's all yellow and nice. It's so very cold outside. Like the way I'm feeling inside."（中文：我是个重要的女孩。在一个大世界里。如果你离开我，那不是件大事。但我确实感到，我将会非常想念你。太过想念你了。我能看见第一片落叶，是那样黄也那么的美。外面是那么的冷。就像我内心的感受。）整首歌曲以一个小姑娘的视角和观念出发，详细描绘出处于豆蔻年华的女孩的那种敏感、自信、迷惑的情感，但是反复强调"I'm a big big girl."（我是个重要的女孩），充分凸显了女孩身上所有的坚强和自信的态度，表现了她对于生命的感悟，对于生活的热爱。

三、以"音"结尾，提升学生鉴赏英语美的能力

德国古典美学重要代表、诗人席勒认为：培养、促进人们的审美鉴赏力是"美育"的核心含义。在课前、课中引入音乐，给学生感受美、体验美创造了机会，为了使学生获得新鲜多变的试听体验，可以在一节英语课的结尾，以"音"结尾，达到美育的升华。

例如，在讲授"泰坦尼克号"故事的时候，笔者在课结束前，播放名曲《我心永恒》(My heart will go on)。总结全文故事，渲染课堂氛围，将课堂气氛推到一个高潮。女歌手空灵的歌声，婉转唯美的歌曲旋律将这个悲剧故事的氛围烘托地愈发浓烈。杰克和露丝的诀别更是渲染了这个令人动容的爱情故事，在这样的环境和背景下，学生能够更深刻地鉴赏音乐之美。学习英语语言就必须学习西方文化，必须了解英语演变历程，了解语言背后的欧美社会和国家概况。经典英文歌曲都是具有年代感的，体现了那个时期的社会面貌。这首经典的《我心永恒》，是好莱坞电影《泰坦尼克号》(Titanic)的主题曲，不仅仅是对泰坦尼克号沉没一事的缅怀，更是对那个时代不同社会地位背景的爱情的歌颂，对自由的渴望。

以"音"结尾，可以促进学生对文章内涵的理解，渲染语境的感染力，促进学生对文章语言美感的体验。教师选择合适的背景音乐或歌曲作为课堂的结尾，一方面，加深了学生对课文的理解和内化，另外一方面，在这样轻松的、真实的语境中，激发了学生的学习兴趣，对课堂教学进行了深化和提升。

又例如，在教授课文《歌剧魅影》（*The Phantom of the Opera*）一课时，可以使用该音乐剧的视频片段作为结尾，给学生带来视觉上直观的冲击，创造身临其境的感觉，帮助学生了解音乐剧的魅力。另外一种形式，教师可以邀请学生自主地根据课文剧本进行改编，开放主动地以此为载体，培养学生鉴赏音乐美的能力。

音乐，是一种动人的语言。通过英语歌曲，能够在英语的实际语言教学中，增加课堂的兴趣，让学生在动人的旋律中，获得满足感和幸福感。英语课堂教学中如果能够渗透音乐美，就能够很好地落实美育的教学目标，陶冶人的情操，触动人的心灵。这样，老师能够充分调动学生学习知识的积极性和主动性，使得英语课堂变得生动活泼，充满乐趣，达到事半功倍的教学效果。语言，承载着一定的文化和育人价值。通过音乐和英语的有机结合，让学生以"音"感受，丰富课堂美育的教学内容，聚焦培养学生感受英语美、体验英语美、鉴赏英语美的能力，树立正确的审美观念，达到美育目的。希望在这样一个"音英"结合的王国中，每一位老师都能在美丽的旅程中带领我们的学生们一起体验属于自己的诗与远方。

（徐文漪）

高中英语教学中美育元素的挖掘与渗透

蔡元培在《普通教育与职业教育》中说过："所谓健全的人格，内分四育，即体育、智育、德育、美育。"美育以陶冶我们的情操为目的，从而使我们具有美的理想、美的情操、美的品格、美的素养，具有欣赏美和创造美的能力。因此，英语教师的主要任务不是给学生干巴巴的词汇、枯燥的语法规则，获取高分的技巧，而是要教会学生发现、欣赏、领悟这种语言背后所蕴含的内在美，从而激发起他们学习语言的兴趣和愿望，要对学生进行一种美学渗透，即审美教育。

教师在教学过程中，要善于挖掘英语文本中的美育元素并把它们渗透于教学的方方面面，让学生在语言的学习过程中得到美的熏陶，提高自身的修养，把被动的学习态度转化为积极进取的主动精神。

一、感受英语作品中的情境美

意境就是萦绕在人们情愫中的一种向往，一种期待，一种理想化了的环境。中学教材中很多阅读材料不仅内容丰富，思想性强，而且语言规范简练、鲜活优美，塑造了一个个令人浮想联翩的意境。老师可以引导学生去发现并欣赏这种意境之美，并自觉地因美感而愉悦，从而全身心地、主动地接受并产生满意或愉悦的，甚至是悲伤、愤怒的情感体验，这种情感体验具有很强的调节性、动力性、感染性。

牛津英语高二《绿色的兰花》(Green Orchids) 一文，讲述了一个贪婪的为了金钱不惜牺牲环境、最终自食恶果的生意人萨利姆的故事。在教授这篇课文时，老师要求学生把表达萨利姆的贪婪暴戾的描述找出来。通过原文中的对话和情境描述，学生很快找到了答案。比如：当秘书告诉他，他的医生等在外面，他的回答是："No, let the fool wait." growled Saleem; He raised a fat finger. 这一短短的段落，勾勒出一个自私、贪婪、凶残的生意人的形象，学生的鄙视厌恶油然而生。

在欣赏文学作品时，老师也可以设计相关的问题，通过人物对话，情景描述，达到对美的意境的感受。在《汤姆叔叔的小屋》(*Uncle Tom's Cabin*)一书中，奴隶女孩托普西趁奥菲丽亚小姐不注意，把一副手套还有一根丝带偷偷藏在袖子里，主仆两人一来一去的对话，以及托普西偷拿主人的东西不经意一件件败露，让人忍俊不禁，小黑奴托普西的狡黠机智和奥菲丽亚小姐的气急败坏，构成了一幅生动有趣的画面，让人浮想联翩。

【英语原文】

By an unlucky slip, however, a fluttering fragment of the ribbon hung out of one of her sleeves, just as she was finishing, and caught Miss Ophelia's attention. … The ribbon was pulled out of Topsy's own sleeve, yet was she not in the least disconcerted; she only looked at it with an air of the most surprised and unconscious innocence.

"Laws! why, that ar's Miss Feely's ribbon, an't it? How could it a got caught in my sleeve?"

Miss Ophelia was so indignant at the barefaced lie, that she caught the child and shook her.

"Don't you tell me that again!"

The shake brought the glove on to the floor, from the other sleeve.

"There, you!" said Miss Ophelia, "will you tell me now, you didn't steal the ribbon?"

二、品味英语表达中的语言美

老师要善于根据学生的年龄特点和认知能力，适当扩展语言知识的内容和范围，让学生学会从词句、文辞和意境等方面欣赏英语语言的美，从而激发学生的英语学习兴趣，提升其文化意识。品味英语表达的语言美，须懂得欣赏句式表达的多变之美、句子修辞的灵秀之美以及英语句式的韵律之美。现列举牛津英语高三选编的英国"湖畔派诗人"重要代表人物威廉·华兹华斯(William Wordsworth)的诗歌。

【英语原文】

I wandered lonely as a cloud

That floats on high o'er vales and hills,

When all at once I saw a crowd,

A host, of golden daffodils;

Besides the lake, beneath the trees,

Fluttering and dancing in the breeze.

这首诗充分利用了拟人、比喻等手法将大自然的美妙表现得生动逼真，似乎将读者置身于湖畔上连绵的水仙花随风舞动的风景当中。

【英语原文】

The waves beside them danced; but they

Out-did the sparkling waves in glee:

A poet could not but be gay,

In such a jocund company:

I gazed, and gazed, but little thought

What wealth the show to me had brought:

For oft, when on my couch I lie

In vacant or in pensive mood,

They flash upon that inward eye

Which is the bliss of solitude;

And then my heart with pleasure fills,

And dances with the daffodils.

最后两段诗人的沉吟和思考，表现了诗人享受、回味自然美景带来的精神愉悦。整首诗韵律整齐，从尾韵中我们可以看出，每节中第一行和第三行押韵，第二行和第四行押韵，最后两行押韵。这样就产生了强烈的节奏感，顺畅如行云流水，诵之琅琅上口，闻之和谐悦耳，极具音韵美。诗人通过把感情色彩渗透于艺术形式，从而达到了优美的形式和深刻的思想完美结合的艺术效果。读者也好像身临其境，和诗人一起沉浸在水仙花轻柔摆动的曼妙的姿态之中。

三、鉴别遣词造句中的文字美 ·····················

任何一个阅读文本，不乏表达地道、用法精准优美的词汇，教师可以引导学生仔细品味用词的精准达意，领悟英语语言的妙处，提高学生的词汇辨析能力和语言赏析能力。比如，澳大利亚土著后裔萨莉·摩根（Sally Morgan）在她的作品《我的地方》（*My Place*）中，在人物的言语行动的描述上细致入微，不仅让人体会到文字表达的优美，更能融入其境，想象无穷，产生共鸣。

例如：战争的创伤和疾病的折磨使萨莉的父亲比尔变得异常暴戾，为了躲避父亲因突然暴怒而导致的家人的伤害，全家人（包括萨莉的奶奶还有还在襁褓之中的弟妹）经常在半夜时逃到隔壁寡妇家里去避难。老师在带领学生欣赏这部作品时，一定要让他们体会到形形色色不同的"走法"。

【英语原文】

"Many times, we were quietly woken in the dark and *bundled off* to Grace's house." "Towering over me, Dad yelled, 'What the bloody hell do you think you're doing here, get going!' and he pointed in the direction of Aunty Grace's house." "I *shot* down the three back steps and *sped* along the track that cut through our grasses. With unexpected nimbleness, I *leapt* through the gap in the back picket fence and, in no time at all, arrived panting at the door of Aunty Grace's laundry."

文中，"bundle"原意是"捆绑"，而用"bundled off"，学生就能想象Sally一家被迫无奈而集体出逃的窘境。在阅读时，学生可以把这些形象生动的表示"走"的词一一找出来："shoot"表示用子弹射击，用在这里把萨莉因惊慌和恐惧而像一颗射出的子弹一样迅速逃窜的栩栩如生的画面表达出来了；"speed""leap"这两个动词也是反映了萨莉要急于逃避父亲反复无常的暴戾性格的急切心情。

美育，是通过现实美和艺术美打动学生感情，使学生在心灵深处受到感染和感化，从而培养学生正确的审美观点，具有感受美、鉴赏美、表现美和创造美的能力的教育。教师在授课过程中，引领学生去鉴别欣赏英语作品中的遣词造句之美，势必会达到美学教育的效果。

四、感悟文本篇幅中的哲理美

语言有丰富的文化内涵，有深刻的价值观念，教师在指导学生阅读时，要通过外在的文字信息，理解和体会内在的思想和深刻含义，使他们的思维能力、想象力、审美情趣、艺术感受等综合素质得到发展。牛津教材高三《女性的地位是在家庭中吗？》（*A Woman's Place is in the Home*）就是这样一篇具有哲理的好文章。文章通过辩论，捍卫了妇女在社会上的举足轻重的地位。

【英语原文】

I have shown that some traditions of the past were unfair, and that women are not the weaker sex. I believe we are capable of doing any job a man can do.

As a community, we are wasting our valuable resources if we don't let women play their full part. A woman's place is not only in the home, but also in the office, in the design studio, in the bank and in the managing director's chair.

这些铿锵有力的言辞让我们感受到妇女在社会上应该享受到的地位，揭示了深刻的哲理。作者用了"not only…but also"这样的并列句式，后面连用了几个"in the"排列出整齐的句群，很好地展示了英语的节奏感和旋律美，尤其用这种抑扬顿挫的表达诠释了一个深刻的哲理：女性的位置绝不仅仅局限于家庭。

教师在对学生进行道德品质的教育和人生哲理的熏陶时，应结合现实需求和时代精神，以现代社会所需要的道德之知来转换、丰富"知"的内涵，以使学生自觉加强个人道德修养和积极参加社会道德实践来拓宽"行"的渠道，造就新时期的"文明人""道德人"和全面发展的人。

五、欣赏教学材料中的人文美

人文教育是关于怎样挖掘人性、教化人心的过程，因此它尤其强调自身重要性，强调挖掘学生的个人奋斗精神和老师教学过程中的赏识教育。教学生学会系统地比较中西文化之间的差异，培养学生对文化差异的敏感性和宽容性，要通过语言与文化教学的结合，使学生更好地了解英美文化及其他国家、其他民族的文化，如：民俗、宗教信仰、道德观、价值观等，引导学生养成自觉的跨文化交际意识。牛津英语高三教材中有一篇关于感恩节的文章，老师可以让学生划出表达感恩节这一重要的西方节日，家庭团圆其乐融融的场面。

【英语原文】

On the day before Thanksgiving, there is a mad scramble at airports and on highways as everyone travels home. Then on Thanksgiving Day, it is as if the whole country were shut down. All of the shops and restaurants are closed, and the roads are empty. Everyone is indoors dining on turkey, stuffing, gravy, cranberry sauce, mashed potatoes, and pumpkin pie.

同时让学生把西方的感恩节和中国人的春节进行对比，从而既感受到东西方在家庭观念上惊人的一致性，又能体会到不同的文化之间的差异性。这种人文之美只要细致挖掘，在教材中到处可见。

作为知识性、思想性和审美性兼有的基础学科，英语教学的首要原则应是"与思想教育、审美教育相结合"。在英语教学中，通过渗透美育，促使学生对教学形式和教学内容产生浓厚兴趣，以美求真、以美激情、以美育人，让学生受到美的熏陶，同时也把英语学习变得生动、活泼而有实效。

（一）根植课堂阵地，追随美的足迹

课堂是探索美的主阵地，老师一定要充分利用课堂时间，通过灵活多样的教学方式，运用丰富有趣的教学材料，让学生发现美的存在，追随美的足迹。信息化的迅速发展要求老师也要迅速更新教学理念和教学手段，利用媒体和多种平台，多方位呈现美的意境美的感受，让学生在学习时陶醉于文本内容之外的美的想象中。比如，牛津教材高二第二学期课文《梵高的画展》(*The Vincent Van Gogh exhibition*)一文的授课过程中，除了让学生了解梵高的生平经历、画作的特点及对世界艺术的深刻影响之外，老师可以把梵高的经典之作通过 PPT 呈现出来，并在著名民谣歌手唐·麦克莱恩（Don Mclean）演唱的、演绎梵高的经典作品《星空》(*Starry Night*)的脍炙人口的优美旋律中，让学生在感动和怀念的心情中追随这位艺术天才的足迹，留住美好的记忆。

（二）鼓励课外阅读，拓展美的视野

如果说课堂内的英语学习是带着任务，怀着目的且具有统一的要求和标准来开展的，因而在学习上缺乏主动性、自觉性和趣味性，那么课外阅读不仅可以让学生放松，而且更切合自身的学习兴趣和学习能力。老师可以充当先锋领路人，在浩瀚无垠的阅读材料中选取并推荐适合学生阅读的文本，比如：《21世纪英文报》（ *The 21ˢᵗ Teens* ）就是一份广受老师和学生欢迎的报刊，是国内第一份根据中学生的英语阅读水平和需求而设计的英语时事周报。它以时事性专题报道为主，广泛采用由国际主流媒体和出版机构提供的独家的、最新的信息资讯，以浅显地道的英语为学生提供丰富多彩的新闻时事报道。它不仅内容丰富有趣，贴合学生的现实生活，而且版面设计活泼灵动，色彩绚丽，充满美感，这种阅读材料毫无疑问会给学生带来美的享受。除此之外，《英语世界》（ *The English World* ）；《英语沙龙》（ *English Salon* ）等杂志的阅读，也会把学生的视野从课堂内拓展到课堂之外，放眼到这个世界的各个角落，各个领域，惊叹于外面世界的精彩纷呈，得到知识的熏陶和心灵的震撼。

（三）亲身参与实践，传播美的种子

懂得捕捉英语学习中美的元素，并学会鉴赏美的韵律和意境，就有了对美的追求和探索的渴望，因而，老师要不断创造条件让学生实现寻求美、实现美的愿望。学习并鉴赏了英语的诗歌，同学们是否可以尝试自己创作并和大家分享？看了一本英语经典著作，是否可以写一篇读书心得，跟师生们交流那些最打动内心的情节和人物，或是那些脍炙人口、耐人寻味的优美句式和经典段落？学会了一首旋律优美、歌词动人的英美流行歌曲，是否可以尝试在班级或是学校的活动中一展风采，让美的种子传播到广大师生的心田？学校可以组织各种形式的朗读或是演讲比赛，让语言以艺术表演的方式得到完美诠释；可以选取教材的内容，改编成课本剧，既拓展了学生想象的空间，提升了他们表达的能力，更是把原本可能枯燥无味的课本内容变成了有趣生动的艺术作品，绽放绚烂的光彩。

著名思想家卢梭（Jean-Jacques Rousseau）曾说，"从我们心中夺走对美的

爱，也就夺走了生活的全部魅力。"英语学习也是如此，在教学中挖掘美的元素并不断渗透教学的每个进程，不仅给人以求知的满足，而且给人以赏心悦目之感，充分展示了英语学科特有的魅力，从而唤起学生探索语言奥秘的渴望，激发学生学习英语的兴趣，充分发挥学生的想象力，培养学生的主动创新精神。这才是我们在教学中所追寻的目标，所追求的境界。

（曹国英）

高中英语课外报刊阅读中的美育渗透

　　《普通高中英语课程标准》（2017 年版，以下简称"新课程标准"）在课程总目标中明确，英语教学要"全面贯彻党的教育方针，培育和践行社会主义核心价值观，落实立德树人根本任务"，"培养具有中国情怀、国际视野和跨文化沟通能力的社会主义建设者和接班人"。英语教学要实现立德树人的宏伟目标，要培养全面发展的新时代接班人，又怎能不引导学生学会认识美、发现美、感受美？人的全面发展意味着人各种潜能的全面开发提高并相互协调，而在人的各种潜能中，审美是一个重要的方面。美育是促进人的个体审美发展的教育，人的审美发展有相对的独特性和特殊规律，美育对人的生存发展的完满具有不可替代的促进作用与积极意义。有研究表明，在英语教学中渗透美育可以更好地促进英语学习，完善学生的学习体验，达成人的更健康全面的发展。新课程标准在课程结构、课程内容、学业质量评价等方面为美育的渗透提供了更大的可能。

一、新课程标准下的英语教学

　　在新课程标准下，英语课程内容更加丰富，更加有利于美育渗透。英语报刊作为英语课程内容的补充，其六大要素（主题语境、语篇类型、语言知识、文化知识、语言技能和学习策略）无一不和审美相关。报刊阅读材料的主题语境涵盖人与自我、人与社会和人与自然，涉及人文社会科学和自然科学领域等内容，为阅读教学进行美育渗透提供了丰富的话题和语境；而且报刊语篇类型，图表、图示、广告、漫画等非连续性文本在为学生提供语言学习文体素材的同时，也为学生的审美提供了更多的可能。因此在报刊阅读教学中，教师应该积极挖掘新课程标准中相关审美要素，有意识地进行美育渗透。从新课程标准对三大主题语境的具体描述来说，教师可以参考落实的美育内容非常之多，如：生命之美、绘画建筑之美、影视之美、体育之美、科技之美、小说戏剧之美、民族文化之美、自然之美、文化遗产之美、宇宙之美等。新版课程标准在

"语篇类型"的"教学提示"中更明确地指出"通过学习语篇所承载的文化和价值观等具有深刻内涵的内容，使学生学会欣赏语言和多模态语篇的意义和美感，丰富生活经历，体验不同情感……通过报刊阅读拓展思维，提高审美、鉴赏和评价的能力"。由此，在英语报刊阅读教学中，教师应当充分挖掘特定主题所承载的美学信息，在发展学生语言运用能力、加强文化内涵探究的基础上，激发学生的审美情趣，发展学生的审美能力，培育学生完美人格，丰富学生的语言学习体验。

在新课程标准下，英语课堂教学方式方法更加便于美育渗透。报刊阅读教学中，更是如此。在新课程标准的"实施建议"中，对教师的教学做了比较明确的要求，"采用丰富多样的教学方式和手段……在提升语言能力引导学生分析和审视事物和人物的真、善、美，评判不同的价值观"。教师在英语学科教学实践中，将美与审美引入课堂教学，使学科教学从单纯的认知活动转变为审美活动，从而充分调动学生学习的积极性和主动性，最终达到乐学的境界。我在教学过程，尤其是报刊阅读辅助教学中尝试采用多种手段进行"美化"，以期增加学生的审美体验，实现美育目标。比如，在教学中运用简笔画、漫画、小电影、多媒体幻灯片、网络资源等手段来辅助教学，使学生对文本中的人、事、物有较为直观的感受，增加了学生对真、善、美的欣赏，对假、丑、恶的鉴别能力。为了更好地创设适宜的英语学习环境，在教学中还可以通过组织学生在真实的生活情境中或角色扮演的模拟情境中进行语言表达和交流，使学生在审美的情境中主动学习，激活了学生的认知，提高了学习效果。

在新课程标准下，英语课程学业质量水平与考试评价中要求学生具备一定的审美能力，要求"理解和欣赏经典演讲、文学名著、名人传记、电影电视等，分析评价语篇所包含的审美元素"。可以看出，审美能力是英语核心素养的重要组成部分，培养学生的审美能力自然就是英语教学的题中之意。"英语课程的评价应反映以人为本的教育理念……基于英语核心素养的教学评价，应以形成性评价为主，并辅以终结性评价。"教学评价主体更多元，评价形式更多样，评价内容更全面，评价目标更多维。基于这一要求，我们在英语教学实践中，更强调教师以民主平等的心态对待学生，用欣赏激励和发展的眼光评价学生，使得师生关系发生了审美性的转化，形成民主平等、自由安全、鼓励肯定、自信快乐的学习环境，这样的评价更符合以人为本的教育理念，有利于培养积极健康的新人。

总之，在英语报刊阅读教学中，渗透美育是高中英语新课程标准的要求，是教育人、培养人的基本方法，每一个英语教师都应自觉地在自己的教学实践中加以贯彻落实。

二、英语阅读中的教学实例

以下以高一《21 世纪英文报》(*The 21ˢᵗ Teens*) 第 721 期《寻找音乐才能》(*Finding musical talent*) 为例，浅谈一下具体如何在英语阅读中渗透美育教育。

课例：英语报刊阅读中的美育渗透设计思路

Finding Musical Talent

（写歌、编曲、演奏乐器，看美国青年如何玩转音乐）词数 397

教学目标

（一）知识目标

Words & Expressions

· countless，pursue，inspire，be impressed with ...

· music-related new words

drummers，guitarist，bass，bass undertone

quartet（四重奏乐团） choruses（副歌部分） verses（主歌部分）

· Difficult Sentence analyzing

Anyone who has ever joined a band with strangers knows it can take weeks just to get to know one another. But these young women must work together right away to create music using skills they've developed after only a few hours of practice.

（二）美育目标

围绕音乐夏令营这一主题，通过让学生讨论有意义的夏令营经历和另类夏令营的有关内容和音乐的知识，来培养学生的审美情趣，增长见闻，陶冶情操，享受音乐之美。在合作学习中，体会交流合作与口语语言之美。

（三）学习策略

通过自由讨论学生自己的夏令营经历引出本课内容，调动学生学习兴趣和积极性。问题如下：

Warming up

1. Have you ever taken part in a summer camp?

2. What did you do there?

3. What did you learn from the summer camp?

4. Describe a music-related summer camp you have participated in.

教学重点

以由浅入深的各种问题深入透彻地理解文章，包括读前、读中、读后，问题层层深入。

Pre-reading

What do you think you would experience in Girls Rock Camp Akron?

While-reading

What is the main idea of the article?

What is the purpose of Girls Rock Camp Akron?

Post-reading

How to make comments on music?

1. This band kicks ass.

2. The song drives me crazy.

3. I have no ear for music.

Discussion

1. After reading the article，would you like to participate in a musical summer camp like Girls Rock Camp Akron? Why or why not? Which part

would you want to experience most? Please share your ideas with your group members.

2. Design a summer camp according to the model of Girls Rock Camp Akron.

词汇拓展

1. Elevator Music—Pleasant and sometimes annoying music that is played in public places.

2. Ring a bell—If something rings a bell it reminds you of something even though you cannot remember it very well.

3. For a song—when you buy or sell something very cheaply.

4. Blow your own trumpet—boast about your talents and successes.

5. Call the tune—to be in a position of authority to give orders and make important decisions.

6. Blow the whistle—to report an illegal or unacceptable activity to the authorities.

三、英语教育中的美育渗透

教学过程中，可以借助多媒体呈现各种音乐相关词汇，以头脑风暴、猜词竞赛、情境造句等灵活方式呈现，充分展示语言构词之美，使原本枯燥的词汇积累变得有趣并富有美感，这种氛围更能激发学生的记忆与思维能力，美智结合。

学生在理解文章的过程中，扩大了视野，欣赏到另类的夏令营，以及相关乐器及音乐知识。通过头脑风暴扩充音乐相关词汇，教学过程中用采用集音像于一体的多媒体作为教学辅助手段，形象，生动，在美的音乐世界里完成语言巩固积累。从视、听的角度吸引学生的注意力，也给学生美的享受。具体各环节体现如下：

（1）利用多媒体播放各种各样的学生夏令营，引起学生对本篇的兴趣，同时提出一些有关自己夏令营经历的问题，创设轻松自然的学习氛围，调动学生的参与积极性，多媒体的音效，丰富的内容，给学生一种美的熏陶和享受。

（2）基础阅读理解过程中，通过层层递进的问题推进，让学生体会阅读推进之美，视野拓展之美。读后通过小组讨论让学生"习得"英语，组织学生以小组为单位就课文内容发挥想象，在这一环节中，学生通过互相配合、交流、借鉴，完成了语言的运用，锻炼了自己的组织语言的能力与合作能力。也能体会到交际和合作之美。

（3）深层理解过程中，尽可能体现新课程标准，从学生的生活体验出发，通过参与、合作与交流的学习方式培养学生的综合语言能力并设计具体音乐场景，激发学生积极主动地参与课堂学习活动，欣赏音乐之美，在体验中自然习得英语，从而提高学生的语言综合运用能力。课堂组织形式以小组活动为主，增加每个学生课堂参与的机会和发挥个性特长的机会，在参与中培养学生的合作精神、团队精神以及资源共享的意识。学生在整个阅读过程中，既能体会语言音乐之美，又能感知集体智慧创造出来的成果之美。在活动中不断整合已经学过的知识，完成了本课所设定的各个目标，包括美育目标。

（4）布置作业，写一篇短文。要求学生以一个记者的身份汇报一次有趣的音乐夏令营的情况，旨在启发学生通过对已读文章信息的理解和把握去梳理可以使用的词汇和好的句型表达，让阅读理解和书面表达这两种能力能够在一堂课上达到充分结合，提高学生自主学习的能力并体会创作之美。

（林德红）

高中历史拓展课程中的美育渗透——家乡与母校

美育，又称审美教育或美感教育，它与德育、智育、体育相辅相成，是促进德、智、体全面发展的一种教育方式。美是普遍的，是超脱现实利益之上的。因此强调"五育"并举，即德育、智育、体育、美育和世界观教育。由此可见，对于正处在身心成长阶段的中学生来说，审美教育尤为重要。因而我们要把握日常教育中的各个契机，比如利用历史拓展课的丰富内容和多样形式，来塑造学生美的人格，培养学生学习语言美、养成行为美，保持仪态美等，真正做到让学生的心灵在美育中得到斧正、润养、提升。

一、历史课堂教学中的美育渗透

学史使人睿智。历史学科作为高中生的必修课程之一，既能丰富学生的学养内涵，又能熏陶学生的情操气质，还能传递秉笔直书的治史精神，更能提升高中生的审美情趣，成为全面发展的 21 世纪合格的公民。

故而基于历史学科的学科特点，从学科固有特点出发培养学生人格意识、求真意识、包容意识、责任意识、国家意识、全球意识，还可以从人类共同记忆的层面去与学生分享世界历史发展长河留下的璀璨文明，提升学生的审美能力和感知。

高中历史课程中涵盖了古今中外从人类伊始到当今世界的诸多事件、人物、文学、艺术、军事、民俗等多方面的内容，有许多可以挖掘美育的素材。

比如，在讲述《古代的史家与史籍》一课时，出示史料，使学生了解唐代之后曲笔状况突出、如实编纂国史的困境。简述刘知几的《史通》，考察唐以前的中国史学，针对史学编纂方面提倡"善恶必书"的写作手法。教师通过介绍"崔杼杀太史"一案阐释何为史家"秉笔直书"的精神。这些案例，都能引导学生探讨史家在编撰史籍的过程中，执着求真、不畏强权的人性美。又比如，在讲述《文艺复兴》这一课的内容时，教师请学生将中世纪的圣母像与拉斐尔《圣母子》两幅作品进行比较，引导学生发现其中的不同和造成不同的原因。通过对作品的审视，学生发现中世纪的圣母像线条僵硬，所描绘的人物表情凝固，动作呆板，突出神至高无上的气息，反映了欧洲中世纪早期受神权统治。而拉斐尔的作品《圣母子》，光影柔和，线条流畅，整个画面充满母性的慈爱。说明文艺复兴时期许多作品将神人性化，反映了这个时期对人性的召唤，同样要求实现人性的解放。

柏拉图（Plato）曾把对美的真正发现归因于神秘的灵魂回忆，这种回忆是把经验"统摄成为整一"的"反省"能力，借助这种能力，人一方面能看到"上界真正的美"，另一方面使自己"真正改成完善"。柏拉图对回忆的神秘主义理解当然不甚科学，但他也触及了回忆在审美过程中的某些意义。所以在历史课堂上，在欣赏和探讨人类杰出的文明成果，如一些古典艺术作品的时候，就具有深刻的回忆性质。历史课堂作为培养传统文化传承者的舞台，在课堂中的美育渗透能帮助学生在脑中贮存下传统的审美信息，进而让他们在读《诗经》时、看顾恺之的《洛神赋图》时，站在长城上俯瞰大地时，体验到的不仅是穿越时空的惊喜，更加强了作为一个现代人对人类优秀文明成果的深层回忆，在内心中对传统审美经验进行追忆和重建。因此，在历史课堂教学中渗透美育，能够帮助学生的审美经验突破时空界限，达到无限深广的境界。

二、拓展研究活动中的美育融合

学校教育是现代人成长所必需的文化环境，也是延续和发展人类文化的重要途径。教育既是文化的体现，又是文化传播和发展的手段。随着教育改革的深入，除了传统的基础型课程之外，拓展研究型课程的开设更是丰富了学校的育人模式与手段，并进一步推进了文化与教育的同一性。教育使人成为文化的人，并由此与单纯的技能训练和知识灌输区分开来。而在学校的各项拓展研究活动中，历史特有的学科特点则进一步彰显了与美育的完美融合的优势。

在学校多年的拓展研究课程中，开设了《世界民俗文化杂谈》《世界那么大　我想去走走》《文明冲突和世界秩序的重构》《茶艺》《篆刻》《博物馆策展》等拓展课。修身齐家治国平天下，古人将个人的修为与国家天下的兴亡联系在一起。历史学科融合美育，传承中华的优良传统文化，在引导学生了解、感知、体验传统的典雅之美中，关注国事、胸怀国家、志存高远，进而成就非凡。

同时在协助学校的德育教育工作中，历史教研组在高一南京行、高二上海行的社会实践活动中，首先在课堂上向学生介绍相关的人文知识，其次积极指导课题论文的素材积累、问卷发放、论文撰写，培养学生的团队合作精神，进而指导学生完成了《关于魏晋风骨及其后世影响的研究》《对中国传统工艺流失的调查与研究》《当代中学生的价值观现状的调查研究》《探究女史箴图的旅程》等诸多学生的研究性课题。此外，历史教研组还连续 15 年不间断地组织校内的人文知识竞赛。竞赛在普及人文知识的同时，也提升了审美情趣，更力图提升学子

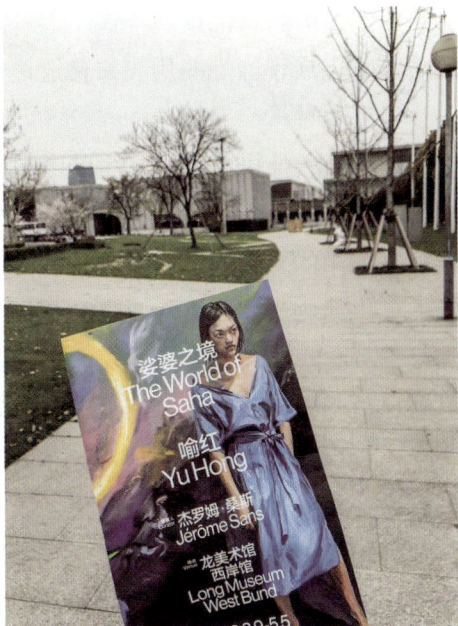

图 1　学生参与"娑婆之境·喻红画展"
（龙美术馆西岸馆）志愿者讲解

们的家国情怀和合作意识。我们还建立学生导览员社团，组织学生参与喜马拉雅美术馆、龙美术馆、余德耀美术馆的志愿讲解服务，充分利用公共艺术教育资源对学生进行美育，通过对艺术作品的鉴赏、导览，学生们更是收获无穷。

三、家乡情怀与母校情节中的美育延伸

人文景观美育的理论是近几年才开始出现的，没有现成的模式，家乡和校园中的历史文化景观，在笔者看来也是展开美育教育的一个课堂延伸平台。

历史文化景观是以历史文化遗迹为基础而形成的，如埃及金字塔、罗马斗兽场、中国长城、西安兵马俑、绍兴的兰亭、英国的海德公园等。虽然历史文化景观是以历史文化为主，但它们也往往具有较高的审美价值。那是因为人们在设计、建造大型历史文化名胜时总会把审美作为一个重要的因素加以考虑，而且深厚的历史文化内涵也强化了景观的审美意义。所以，历史文化景观可以作为美育的一种资源。

当然，历史文化景观不仅是美育资源，还是人文教育的重要场所。因此在历史课堂上展现当地的历史文化遗迹或本地的名胜皆可起到美育的功效。具体的途径有两种。

其一，教师可以引导学生结合教材中的内容搜集整理与之相关的乡土民俗材料，如《西学东渐》中的徐光启墓、《上海开埠》中的外滩建筑、《中国共产党成立》中的"一大"会址等。因为是乡土历史文化方面的材料，可能比较分散，如果发动学生分头去收集和整理，更能发挥他们的能动性，培养他们的创新精神和实践能力。

其二，如果有条件的话，组织学生集体参观家乡历史悠久的古迹名胜，如上海的崧泽文化遗址、龙华古寺、城隍庙、孙中山故居等，让孩子们通过实地考察，感受家乡久远的传统文化，这种形式能更好地渗透美育。而且教师应当注意发掘当地的历史文化遗迹，有一些非著名的本地古迹，也可能具有特殊的教育价值，例如历史民居、古戏台、少数民族文化、地方博物馆，还有历史悠久的桥梁、道路、城墙、牌楼、人工河等。这些家乡的历史遗迹保留着丰富的区域文化传统，与当地的民风民俗密切相关，而且它们往往与民间艺术血肉相连，或者就是民间艺术的代表，是美育理想的乡土教材。目前学校美育中，本土艺术文化教育常常是空白，这是很不应该的。所以笔者认为，让学生在了解当地的名胜风俗的过程中，培育浓浓的家乡情怀是实施美育的一个很好选择，可以使学生由此认识自己生活的城市或乡村的历史文化和艺术，从而培养他们爱家乡、爱父老乡亲的美好情感和保护乡土文化的意识。这在现代化和经济全球化的今天显得尤其有意义。

除了"家乡情怀"之外，"母校情节"这一依托校园文化而形成的人文情感也是美育的一种延伸。关于校园文化的概念，目前国内大致有广义与狭义两种理解。所谓广义的理解，就是把校园文化视作"学校的整体文化"；狭义的理解就是把校园文化视作相对于课堂文化的"课外文化"或"非课堂文化"。这两种理解从表面上看似乎仅仅是范围上的广狭之别，实际上却蕴含着对校园文化性质的不同认识。

学校教育，或者说校园是现代人成长所必需的文化环境，也是延续和发展人类文化的重要途径。它们既是文化的体现，又是文化传播和发展的手段。所以，对校园文化的理解应该与人类文化联系在一起。虽然关于"文化"的理解众说纷纭，莫衷一是，但是，学校教育的基本文化功能是促进个体的全面发展，这一点几乎已成为共识。因此，对校园文化的理解应该侧重于文化的人文性质与功能。正是在这一点上，文化与教育获得了同一性。这正是把教育的视野扩展到文化层面，并重视校园文化建设的根本意义所在。

因而，基于上述的认识，笔者认为在"校园文化"中，进行"审美文化"的渗透和推广有其必要性和可行性。而渗透和推广可以从两个层面着手，即"精神"层面和"物质"层面。

首先是"精神"层面。"俭朴、好学、自主、求实"，"为己积福、为国桢干、为天下肇和平"，百年老校的优良传统皆源于这些校训的精神源泉。校园文化活动秉承学校的校训，开展形式多样、丰富多彩的艺术活动，使得"审美文化"进一步得到了传播。无论是"顾维钧外交社"，还是"南风文学社"，这类的学生社团、兴趣小组展开的活动，更能激发青少年的艺术兴趣，发挥孩子们的各项特长，浸润心灵，培养对母校深厚的情感。

其次是"物质"层面。校园的审美环境是校园审美文化的物化形态，是师

图2　南洋中学校园一隅

生校园活动的审美空间。在南洋的校园里，当学生们在宽阔的大草坪上驰骋、在悠长的百年长廊里漫步、在小池塘边的小木亭中晨读，抑或是在悬挂着"以文会友"匾额的校友厅前驻足，置身优美的校园环境，可以丰富学生的感官刺激，提高他们的审美感受力。赏心悦目的环境也可以使学生的身心获得松弛与安逸，学习生活更有活力。审美环境对学生的校园活动也有种暗示性的引导作用，如整洁有序的校园可以使学生减少破坏公共卫生的行为，宁静优雅的花园可以使学生更加爱护校园的一草一木。校园审美环境以直观方式表现着审美理想，可以促使学生心灵获得解放，精神得到升华。总之，校园审美环境具有不可忽视的美育功能。

综上所述，对于正处在身心成长阶段的中学生来说，审美教育尤为重要。可是长期以来，美育教育在我们的教育教学中没有得到足够重视，不能在各个学科中很好渗透，继而完全忽略了美育教育。更新陈旧观念，树立"育人为本，以美育人"思想是身为教育工作者的根本使命。把握好立足"家乡情怀"与"母校情节"的各个教育契机，给学生的灵魂注入阳光，注入清泉，让学生的心灵在美育中得到润养。

（王春艳）

美育与自然学科教育的融合实践

高中数学教学与美育的融合实践

　　审美教育是通过一定的方式，培养人正确健康的审美观点、审美情趣，提高人的欣赏美和创造美的能力的教育。目前我国的基础教育正在深入落实素质教育，美育是素质教育中不可缺少的一部分。数学美育对学生数学学习的作用不言而喻，数学美育能增强数学的趣味性，从而激发学生学习数学的兴趣，提高课堂教学效率；数学美育能增强学生的联想、记忆，促进知识理解；数学美育能启迪解题思维，培养学生的数学应用能力；数学美育能培养学生的创新思维能力。那么，教学实践过程中我们该如何"随风潜入夜，润物细无声"地通过数学美育影响学生对数学学科的学习热情和兴趣。作为数学学科教师，我们又如何在教学过程中向中学生们渗透美育教育，让他们在看似枯燥的数学世界里发现数学美的存在，从而激发他们学习数学的热情，培养学习数学的兴趣，以下结合自己的教学实践对中学数学教学中的美育渗透谈谈自己的几点看法。

一、在概念教学中渗透数学美

　　我们在高一上,重点学习了函数,研究了函数的基本性质、奇偶性、对称性等。为什么研究函数的奇偶性?因为奇偶性刻画了具有点对称或轴对称的函数类图像,而对称是美的,美的东西当然大家都愿意去了解、去关注。同时我们也看到,客观世界中的很多现象都能找到数学的语言或者符号来刻画它,这恰恰说明,看上去不受人"待见"的数学并没有那么高冷,只是有些抽象且不容易被别人理解。如果教师在教学过程中肯愿意在概念教学上,尤其数学概念的产生、发展以及作用上多花时间介绍,或许同学们看到的会是数学的另一面。这里以自己的一堂公开教学《函数的奇偶性》为例,我用了两幅图片来引入新课:

图 1　生活中的对称性　　　　　　图 2　数学中的对称性

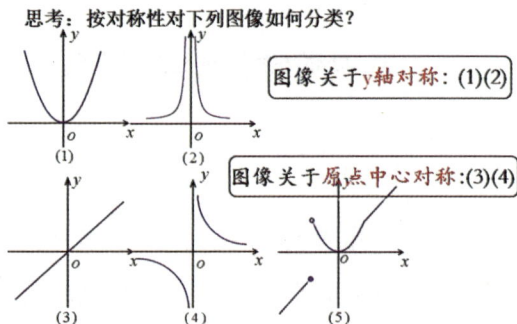

　　从客观世界中的对称,到函数图像的对称,这种引入就能让学生体会这节课学习的奇偶性到底是用来做什么的,同时也告诉他们数学源于生活,并非高高在上。

二、在新知学习中发现数学美

案例 1:分形几何与复数

　　随着数系的扩充,高二我们会学习复数,复数是一个很完备的数系,因为所有的复系数多项式方程的根都在复数范围内,不会"逃逸"出去。在复数这一章接近尾声的阅读材料里，重点介绍了由递推关系 $z_1 = 0$，$z_{n+1} = z_n^2 + c$ 产生的复数列 $\{z_n\}$，如果收敛于 0，则把这样的复数 c 做成的集合记为 M，称这个集合为曼德勃罗集，利用计算机技术把这个集合画出来，我们可以得到很美的图形，这个图形的局部和整体相似，是一个分形图案。大自然中有很多分形图案，如雷电、树叶、雪花等。

案例 2：圆周率 π 的可视化之美

圆周率，我们在小学就知道了，中学阶段我们也在很多地方遇见它，到了高等数学，有很多重要的无穷级数的结果都跟 π 相关。大家都知道 π 是无理数，可视化设计师们设计了与圆周率相关的一系列令人惊艳的作品。他们将圆周率 π 的前 10000 位有效数字连接起来，形成可视化图像，外圈的点表示从前面哪个数字连接而来，而点的大小表示重复次数。另一幅作品是将圆周率 π 的前 13699 位数字以阿基米德螺旋进行排列，从圆心开始向外螺旋展开，其中每个点用不同的色彩代表相应的数字。这样的可视化作品并不太涉及数学研究，但是这种借助数据可视化的方式来了解并探索知识的模式能大大满足我们的好奇心，有好奇心就有学习的动力，就有学习的乐趣。

案例 3：世界上最优美的公式——欧拉公式

人类史上著名的数学家中，如果说高斯（Gauss）是数学界优雅的王子，那么欧拉（Leonhard Euler）就是一位披荆斩棘、无所畏惧的英雄。他对数学的直觉与掌控是无与伦比的，一个优美的欧拉公式 $e^{i\pi} + 1 = 0$ 被评为世界上最完美的公式之一，在数学界基本上没有公式能与之媲美的。如果非要找的话，物理界的质能方程 $E = mc^2$ 和麦克斯韦方程组或许能与之相提并论。为什么欧拉公式如此神奇呢？自然底数 $e \approx 2.71828$ 代表了大自然的优美，圆周率 π 代表了时空的无限，虚单位 i 代表了人类的想象，数字 1 代表了宇宙的起点，0 代表了宇宙的终点，乘法代表了结合，指数代表加成，加法代表累计，等号代表统一。这个神奇的公式似乎暗示着整个宇宙的命运：宇宙从 1 个奇点中来，最后也会归于虚无。几个最基本的数学符号与常数被无比优美的结合在了一起，揭示了深奥微妙的宇宙奥妙，堪称"宇宙第一公式"。

三、在解题过程中感受数学美 ··

在数学教学过程中，有些公式的推导同学们都能听得懂，但是很快便会遗忘，甚至对公式本身都记忆模糊，借助于几何构图，有些无字证明可能让同学们终生难忘。以下就高一的几个公式谈谈数学美育。

案例1：半角的正切公式

$$\tan\frac{\theta}{2}=\frac{\sin\theta}{1+\cos\theta}=\frac{1-\cos\theta}{\sin\theta}$$

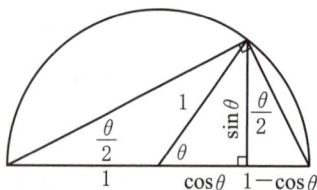

图3　半角的正切公式

在教学过程中，经常有同学第一天学会，第二天就忘得一干二净。针对这一现象，如果给他一幅图帮助其记忆，或许事半功倍。这幅图把半角的正切公式刻画的一清二楚，真是此时无声胜有声。

案例2：两角和的正弦公式

$$\sin(\alpha+\beta)=\sin\alpha\cos\beta+\cos\alpha\sin\beta$$

如右图，在直角梯形 $ABCD$ 中，$B=C=90°$，点 E 在腰 BC 上，且 $\angle DEA=90°$，则在 Rt$\triangle ADF$ 中有：

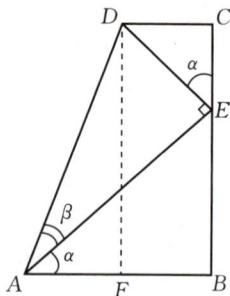

图4　两角和的正弦公式

$$\sin(\alpha+\beta)=\frac{DF}{AD}=\frac{BE+CE}{AD}=\frac{AE\sin\alpha+DE\cos\alpha}{AD}$$

$$=\frac{AE}{AD}\sin\alpha+\frac{DE}{AD}\cos\alpha=\cos\beta\sin\alpha+\sin\beta\cos\alpha$$

这样的案例还有很多很多，用一种不一样的视角来解释数学公式或者恒等式，比起枯燥呆板的公式推演有趣得多，也深刻得多。这些需要老师平时在备课中多去寻找，应用常规方式推导后，如果还能施以简单易懂的其他视角，相信这里的数学之美一定能让学生们体会得酣畅淋漓。

四、在应用数学中体会数学美

案例 1：虚单位 i 的几何意义

复数中虚单位 i 满足 $i^2 = -1$ 如何解释？我经常喜欢拿体育课上老师喜欢给小朋友们训练的"向左转""向右转""向后转"举例说明虚单位 i。最开始，一般都会先训练"向后转"，因为大家对后的感觉更清晰，而任何一个数在数轴上乘以 -1 的效果就是它关于原点对称的那个数，即它的相反数，所以 -1 的效果相当于"向后转"。为了增加难度，我们又有了"向左""向右"转。事实上，虚单位 i 可以理解为"向左转"，这样，$i^2 = i \cdot i$ 就可以理解为两次"向左转"，产生的效果自然是"向后转"，这就比较合理的揭示了 $i^2 = -1$，四次"向左转"就回到了初始位置，所以 $i^4 = 1$。

案例 2：调和平均数不超过算术平均数

我们在高一上学到了以下的不等式：

$$\frac{n}{\dfrac{1}{a_1} + \dfrac{1}{a_2} + \cdots + \dfrac{1}{a_n}} \leqslant \frac{a_1 + a_2 + \cdots + a_n}{n}$$

上述不等关系在实际问题中有用吗？请看下面问题：

已知李大妈和张大妈每天都要去菜市场同一家店里买大白菜，李大妈每天固定买 10 元钱的大白菜，而张大妈每天固定买 10 斤大白菜，这样不断地买下去，谁最终买到的大白菜的平均单价便宜？

大家知道，市场上大白菜的单价每天都在波动，设第一天的大白菜的单价是 a_1，第二天的大白菜的单价是 a_2，……第 n 天的大白菜的单价是 a_n，如此，对于李大妈，她 n 天下来买到的大白菜的平均单价是：

$$\frac{10n}{\dfrac{10}{a_1} + \dfrac{10}{a_2} + \cdots + \dfrac{10}{a_n}} = \frac{n}{\dfrac{1}{a_1} + \dfrac{1}{a_2} + \cdots + \dfrac{1}{a_n}}$$

而张大妈买到的大白菜的平均单价是：

$$\frac{10a_1 + 10a_2 + \cdots + 10a_n}{10n} = \frac{a_1 + a_2 + \cdots + a_n}{n}$$

因为

$$\frac{n}{\dfrac{1}{a_1} + \dfrac{1}{a_2} + \cdots + \dfrac{1}{a_n}} \leqslant \frac{a_1 + a_2 + \cdots + a_n}{n}$$

所以结论是李大妈买到的大白菜的平均单价更便宜，也即定额购买比定量购买买到的物品的平均单价更便宜。

案例 3：斐波那契数列与现实生活的联系

斐波那契数列是前两项等于 1，而从第三项起，每一项是其前两项之和，即递推关系 $a_1 = 1$，$a_2 = 1$，$a_{n+2} = a_{n+1} + a_n$，于是该数列的前 12 项依次为 1，1，2，3，5，8，13，21，34，55，89，144，这个数列最早是由意大利数学家斐波那契（Leonardo Fibonacci）于 1202 年在他的《算盘书》中提出，他的问题如下：假设一对初生兔子要一个月才到成熟期，而一对成熟兔子每月会生一对兔子，那么，由一对初生兔子开始，12 个月后会有多少对兔子呢？可以将这个数列的前 12 项依次列出，就得到了斐波那契数列的前 12 项，而且可以验证，兔子问题中数列的递推关系就是后一项等于前两项的和。斐波那契数列中的每一项称为斐波那契数，而斐波那契数是大自然的一个基本模式，它出现在许多场合里。

（1）树杈的数目，呈现斐波那契数列。

（2）大多数植物的花，其花瓣数都恰是斐波那契数。例如，兰花、茉莉花、百合花有 3 个花瓣，毛茛属的植物有 5 个花瓣，翠雀属植物有 8 个花瓣，万寿菊属植物有 13 个花瓣，紫菀属植物有 21 个花瓣，雏菊属植物有 34、55 或 89 个花瓣。

（3）向日葵花盘内葵花子排列的螺线数。向日葵花盘内，种子是按对数螺线排列的，有顺时针转和逆时针转的两组对数螺线。两组螺线的条数往往成的两个斐波那契数，一般是 34 和 55，大向日葵是 89 和 144，还曾发现过一个更大的向日葵有 144 和 233 条螺线，它们都是相继的两个斐波那契数。

（4）斐波那契数列与黄金螺旋。

（5）斐波那契数列与建筑。

斐波那契数列之所以有如此顽强的生命力，在于它有很多有趣的性质，在于它与现实世界的诸多紧密联系。这里只列举出了一小部分，相信如果老师的课堂里偶尔会有这些内容，一定给课堂锦上添花，同学们对数学的兴趣与对数学美的欣赏会进一步形成。

案例 4：圆锥曲线与现实生活的联系

（1）椭圆与行星运动轨迹。在天文学中，著名的开普勒第一定律揭示了行星的运动轨迹都近似椭圆，例如我国的嫦娥 1 号的绕月飞行轨道以及人造卫星的运行轨道都近似为椭圆。一般地，在一个二体系统中，行星的运动轨迹近似为椭圆，被围绕的恒星在椭圆的一个焦点上。

（2）圆锥曲线在建筑学中的应用。在建筑学中，许多建筑呈椭圆形，例如运动场，椭圆形赛场能够很好地照顾到观众视线的均衡。而热电站的冷却水塔采用单叶双曲面这一结构，可以提高冷却回收率。还有大部分拱桥的桥孔呈抛物线形，那是因为这种桥造型优美，曲线圆润，富有动感，并且能节约工程造价。这些建筑之所以呈现如上形态，除了外观的美感之外，更重要的是能从数学的角度说明这样的结构不论是造价成本，还是使用效能都能得到最大的优化。而这些现实中的实例真真切切地让同学们感受到数学就在身边，数学是美好的，数学也是有用的。

有句话说得好，科学改变世界，数学改变科学。数学是人类发明的最基础，也是最复杂、最富逻辑的学科。数学优美而不失严谨，基础而不失有用，成就了其他科学。以上列举了一些数学教育过程中对学生进行美育教育的案例，这些可激发学生的审美情感，使学生在愉悦的数学审美活动中潜移默化，陶冶情操，充实、丰富他们的精神世界，培养真诚、坚韧、勇敢的优良品质，树立健康的审美观，为学生探索真理、追求美好事物创造良好的心理条件。数学美是一种理性的科学美，数学问题中处处体现了严谨、简洁、对称、统一、奇异的美，对数学美的追求常常是数学创造的动力和源泉。在数学教学中，教师通过充分揭示数学美，不断发现、创造数学中美的素材，把自己发现、创造数学美的经历传授给学生，不断提高学生对数学美的感受力、审美力，激发兴趣，以美启智，有效地获取真知，发展理性，教会学生用数学的眼光观察世界，用数学的思维思考世界，用数学的语言表达世界，从而培养学生的思维能力和创新意识，发展学生的创造性思维能力。这也是新课程标准对我们教师提出的新课题，新要求。

（耿亮）

高中物理学史的美育价值

受到传统观念的影响，美育往往是一个艺术性学科讲授的内容。人们的传统观念认为物理学科十分严谨，理论知识丰富，有着较强的实验特征，所以课程的开展往往也是比较枯燥的。与此同时，很多教师在教学过程中仍然受到传统教学方法的影响，没有积极探索全新的教学方式。很多学生在刚刚接触物理知识后，就产生了物理知识难学的想法，如果这种想法得不到有效纠正，长期下去学生就会对物理学产生严重的抵触情绪。其实，物理知识是研究这个世界构成的基础知识，因此，人们日常所见的美丽事物，往往都有物理理论产生的影响。所以教师和学生在物理知识教学中，也要转变对物理学科的传统理念，在教师的引导下，让学生积极发现和探索物理学科中的美。只有正确认识到物理知识中的美，才能在学习中实现兴趣的提升，最终用更为客观的理念和正确的态度来学习物理知识。

一、物理学知识体系中的形式美

物理教育中，很多的美学因素存在于物理本身的知识体系里，物理学反映的是科学的真，科学的真又表现出科学的美。物理学研究的对象是自然界的运动变化规律，因而物理知识首先便体现出与之相对应的自然美，如力学中的回音、共鸣、天体运动规律、波的图像；热学中的结晶体的多样化，水在不同温度下呈现出的水蒸气、水纹、雪花、冰块；光学中的光的色散、干涉和衍射图样，都给人以美的享受。由于大自然的美妙神奇和物理学家对美的不断追求，物理知识体系中充满了形式美的因素，不胜枚举，笔者就其中主要形式叙述如下：

（一）简洁美

简洁，给人以简单、明了、深远、有序的美感。运动的规律，曾经使人类困惑了几千年，但一旦揭开面纱，呈现出的关系却是"$F = ma$"，如此明了，如此简单。又如爱因斯坦的质能方程"$E = mc^2$"，形式十分简单，但内容却是极其丰富——用最精练的语言，最少的符号，揭示了奥秘无比的自然规律，所表达的简洁美令人叹为观止。

（二）和谐美

作为客观物质世界反映的物理学理论也是和谐的、内在自洽的。物理学中的经典力学就体现出一种高度统一的和谐。牛顿用归纳法获得了力学的基本概念和三大定律，又用演绎法从这些基本概念和定律出发，构建起整座和谐的"科学大厦"。而物理学中由物理概念、规律、公式这些抽象的方法去描述一个完整的、有序的、有规律的物理世界的完美和谐的图景，如振动图像、波动图像、气体性质图像、导体的伏安特性曲线、交流电的图像等，数不胜数，比比皆是。

（三）多样统一美

"多样"是指整体中所包含的各部分在形式上相互区别的差异性，体现了各个事物个性的千姿百态和丰富变化；"统一"是指整体中所包含的各个部分在形式上的某种共同特征，以及他们之间的互相呼应和衬托关系，体现了各个事物共同和整体联系。在物理学发展史上，物理学家在感受自然界多样性的过程中，逐渐认识到自然界的统一性，并执着地追求自身理论的统一。例如牛顿力学把天上、地上的所有物体的机械运动规律都统一起来；麦克斯韦的电磁理论把光、电、磁的运动统一起来；德布罗意的物质波假设和量子力学理论又把粒子运动和波动在新的层次上统一起来；能量沟通了力学、热学、电磁学、光学、原子物理学等领域；质能关系把物质的质量和能量统一起来；各种守恒定律找到了各种运动变化的统一等。所有这些都体现了物理学中统一多样的美学特征。

二、高中物理教学中渗透美育的对策

在高中物理的教学中，对学生科学素养的培养是超过物理知识本身的，教师不是在培养未来的物理学家，而更多的是在培养每一个普通学生从无到有，从有到内化的科学素养。教师是美育最主要的组织者和实行者，在物理教育工作中，教师应该充分发挥自身主导作用。每一堂物理课程都是教师创作的一个作品，所以适当加强美育情境的创设，不仅能有效提升学生学习兴趣，同时还能实现教学过程的衔接，在日常课堂中，教师可以通过讲述科学家的故事，生动形象地向学生传达这种物理的精神，以故事作为一个载体，科学家的人物品质作为教学内容，让学生在科学家的具体事例中感受物理之美。比如在教授电场，磁场，电磁感应，电磁波这几章节时，同时涉及了英国物理学家、化学家、实验学家法拉第（Michael Faraday），在完成课堂教学的重、难点之时，可以给学生讲述法拉第的故事，以强大的历史背景、人物性格加深学习印象，让学生体会物理之美。

以下为第一节课在电场教学中的故事节选：

法拉第真不是一般人。法拉第小时候家里很穷，他父亲是个铁匠，没怎么读过书，法拉第在五岁时搬到了伦敦城里，在公立小学读书、识字。但在不久后，他的父亲丧失了劳动能力，不能干活了，只要一打铁，就腰酸背疼，所以他们家就没了经济来源，只能领救济粮。他母亲每天只能领一块面包，把这面包切成十四片，孩子们一顿只能吃一片。要知道一块面包给一个孩子吃，一天都还饿，他们家一共四个孩子，这哪吃得饱啊！可见法拉第过得有多苦。就这么忍饥挨饿，过了好多年，法拉第的哥哥长大了，就去别的铁匠铺帮工，跟他父亲一样，也是打铁的。他母亲也去别的人家帮工，有一些收入。到了十三岁的时候，法拉第到了一家书籍装订的书店去帮工连学徒都算不上。

19世纪初，印刷业还不发达，书算是奢侈品，穷人家里如果买了书，甚至会被当成传家宝。书翻多了，书页扯坏了就需要拿到书店去重新装订修理。法拉第就去这样的书店帮工，这个书店老板人很好，对法拉第也不错。书店里也有业务，就是合订装印，比如像现在订了《读者》，每月有一本，一年下来就有十二本，过年就把这十二本书装订成一本，就是合订本。还有报纸租赁业务，报纸一个人买一份太贵了，好多人都是租报纸，看两个钟头就还回来。那就有收发，就是到点去取，再送去下一家，这种业务，老板让法拉第去跑腿。法拉第非常喜欢读书，所以老板非常放心法拉第去送书，因为老板知道法拉第是绝对舍不得把书弄坏的，他太喜欢书了。一年过去了，老板提拔法拉第做学徒。本来，学徒要付学费和日常生活饮食的各项费用，而老板对法拉第都免了，法拉第学得非常快，手艺也越来越好，装订一本书其实是个技术活，高档书的封面都是羊皮，非常考究，毕竟这种东西是可以代代相传的，客户舍得下本钱，法拉第就能把书装订得很好。法拉第什么书都看，也什么都信，读了《一千零一夜》，他会问别人，哪里有阿拉丁神灯，那精灵真的能完成三个愿望吗？弄得别人哭笑不得。后来他读到了一本谈学习方法和自我修养的书，是沃斯博士的书，他学会了怎么选择书籍，并不是什么都是真的。后来他在书店里读到了《大英百科全书》和马希特夫人写的《化学漫谈》，这两本书把法拉第迷住了，特别是有关电现象和科学实验的部分。为什么用一块琥珀与丝绸摩擦，周围的纸居然会被琥珀所吸引呢？一个瓶子里外贴上两层锡箔就能储存电荷；用一块铜片，一块锌片插进盐水里，就能做成伏打电池，用很多伏打电池串联起来，就能用来电解水，而且电解出来的两种气体，遇到火星，还会爆炸。这些事情都很神奇，也都是真的。

于是法拉第开始收集各种各样的瓶瓶罐罐开始做实验，但有的东西，他不得不花钱买，比如说化学药品。他就一点一点攒下零星的钱去买，日子依然过得苦巴巴的。他不仅自己鼓捣实验，也去听讲座。他听塔图姆的自然科学讲座，还非常仔细地记笔记，听完以后，晚上书店老板和妻子已经睡了，法拉第还在昏暗的灯光下，整理笔记，誊写笔记。没有人逼着他学习，他自己却如饥似渴地学习知识，学习技能。

他去听讲座后，整理出一本《塔图姆自然科学演讲录》，而且装订得非常漂亮，打开一看，字迹写得漂亮，插图画得清晰，简直不敢相信这是手抄版本。他把这本书作为礼物送给书店老板，书店老板和一些贵族文化人都有关系。有一天当斯先生看到有个年轻伙计非常喜欢看书，还问当斯先生很多稀奇古怪的问题，当斯先生就问，你一个学徒，怎么还问我那么多化学问题？书店老板就拿出了那本《塔图姆自然科学讲演录》给当斯先生看，先生十分赞叹，当即把四张皇家学院的讲座票塞到了法拉第手里……

在法拉第核心思想"场"的概念后，教师讲述法拉第的早年背景，激发同学们能吃苦，爱钻研，认真严谨，脚踏实地的精神。感受到美来自平凡，却胜过人间无数。

在当前高中物理教学水平全面提升的背景下，美育教育重要性直接引起了教学工作者的关注，因此在今后的教学工作中，教师更要积极转变传统教学方式和理念，正确认识到物理的美感。物理是一项多样性课程，教师只有正确引导和帮助学生发现物理，探索物理知识，才能在学习过程中更准确地掌握物理学科之美，这可以有效激发学生的物理学习兴趣，实现物理教育水平的稳定提升。

（高亿）

高中化学教学与美育的融合实践

审美教育是培养学生认识美、爱上美、创造美的能力的教育。在此结合化学教学，谈一谈如何开展美育。化学是一门研究物质的性质、组成、结构以及物质变化规律的自然科学。笔者认为开展美育，应该从化学学科的自身特点出发，从物质的性质、结构、变化及其规律加以入手。

一、从物质本身的性质出发，在化学教学中开展美育

（一）物质之外观美

世间万物都是由元素组成，从这个角度来说，世间万物都可以称之为化学物质。我们最能直观感受到的就是这些化学物质形形色色的外观表象，也就是物理性质。宝石的璀璨夺目、晶体的对称立体、低级酯类的芳香、金属元素的不同焰色。

课本第二章《开发海水中的卤素资源》中，卤素的颜色令人印象深刻。比如碘单质为紫黑色有金属光泽的固体，加入少量水溶解后变为棕黄色溶液，如果再加入少量无色有机溶剂，可以看到溶液上下分层的现象，充分振荡后，水层褪色，有机层出现非常亮眼的紫红色。这个过程展现了物质由于在不同溶剂中的溶解度不同的性质。

高二第二册，我们会学习有机化合物，有机化合物多达 2000 多万种。我们只能学个皮毛。但即便是这样，甲烷乙炔的无味、苯的特殊气味、硝基苯的苦杏仁味、乙酸的刺激性气味、乙酸乙酯的果香味，也已让同学们感知到了物质性质的多样性。

（二）物质的结构之美

高中化学从微观角度来了解物质的构成，这部分内容对同学们更深刻地理解物质的构成有重要的意义。

原子（atom）是化学反应不可再分的基本微粒，原子直径的数量级大约是

10^{-10} m。这样一个微观粒子，学生对它的构成是有疑问的：中空结构是怎么样的，电子如何绕核做着高速的运动。在同学们开展充分的想象后，再辅以一些形象的动图，加深学生对原子结构的认识。同时学生也会对原子如何结合构成宏观物质产生强烈的好奇。随着对化学键学习的深入，学生会了解到原子之间能通过强烈的相互作用结合在一起，而且是以一定的比例结合在一起，这和最外层电子数有着密切的关系。全面的价键理论在帮助人们了解晶体结构、有机物多样性、寻找需要的新材料方面起着非常重要的指导作用。

钻石晶莹剔透、纯净透明，那么微观世界下的钻石是怎么样的呢？钻石是由 C 原子通过共价键结合而成的，奇妙的是，碳原子的结合的方式不同，使得碳元素有多种性质各异的同素异形体。再比如我们常见的雪花，雪的美，除了白雪皑皑，满树银花，还有堆雪人、打雪仗的乐趣等宏观视角的体验，还有在微距镜头下看到的雪花晶体，晶莹剔透、每一片都是独一无二的。就像《美丽科学》中提到的：化学的神奇，科学的美，如果不能被大众看到，多么遗憾。在讲到晶体这部分内容的时候，我会播放《凌》，这是一部展示结晶过程的微观大片，视频中展现的结晶过程超乎想象，有的结晶看起来像生长的树木、像尖锐的锋芒；有的则像羽毛、云朵和花瓣……没想到同样是物质的结晶，会产生各种完全不同的视觉效果，这恰恰是化学学科所体现出来的千变万化的独特魅力。

二、从物质变化的角度出发，在化学教学中开展美育

（一）化学实验之美

学生喜欢化学，往往就是因为化学变化会产生各种有趣的现象。沉淀反应、变色反应、结晶、产生有特别气味的气体、各色烟雾，在平时生活中都不常见到。而干净的实验室里，清洁的玻璃仪器和种类繁多的药品整齐有序地排列着，也能让学生发现化学的美。实验是学生发现化学之美最有力的方式。化学实验是检验化学原理的唯一标准。作为化学老师，我们要多多寻找除了演示实验以外能让学生接触化学实验的机会。即使困难重重，我们也要把实验室向学生开放，让他们成为实验室的主人。

我为学生开设了《指尖上的化学》这门拓展课。这门课的设计初衷就是发

掘生活中和化学相关的实验教学资源，如风暴瓶、自制净水器、做豆腐、废油制皂等，上课的方式也以学生为主体，充分调动他们的主观能动性，小组成员互帮互助、有商有量，从查阅资料、制定实验方案，然后联系老师准备实验仪器和药品，最后在正式上课时实施自己的方案。实验的过程中总会出现一些导致实验成功或失败的因素，我们会要求学生对此进行分析和小结，利用课间重新实验，有些小组经历这样一个过程后，也会从中整合出论文的框架。

　　我们对于这个课程的评分也并不是局限在每次实验结果是否理想，更多的是评价学生准备实验、进行实验、反思实验的过程。这个过程中学生能有否可圈可点的地方、是否有团结协作的精神、实验过程中的操作是否规范利落、是否能对实验结果有批判性的思考更为重要。这样的化学实验课使得学生体验到筹备、实施、反思各个环节，从而也使得学生看到了化学作为一门自然科学体现出的严谨美。

　　（二）工业流程设计之美

　　实验报告中的实验步骤、现象展示了物质的变化及其变化需要的条件。这和我们教学过程中让学生读懂、理解并自己设计的工业流程、有机流程很类似。从原料出发，通过一步步的反应、一步步的操作，最终生成并提取出目标产物。学生的思考需要整合多方面因素：原理是否可行、操作是否可行、原料的来源成本、工艺是否简单、所需设备、产率高低、是否符合绿色化学等，这些思考需在流程图上反映出来。比如学到制碱法的时候，一般就会向学生展示联碱法和氨碱法的流程图，将两种制备流程进行异同的分析后，学生就能充分认识到工业生产的关键要素，领会到从设想到实际生产过中所需要考虑的各种问题，而这些繁复的思考过程只需用一个个箭头、一个个方框，就可以清楚简洁地表现出来。

　　（三）物质变化规律之美

　　物质在发生化学变化的过程中，往往有它自己的一套规律。有贯穿整个化学学习的守恒定律，包括质量守恒、能量守恒、电子守恒、电荷守恒；有门捷列夫根据已发现的元素之间的规律，预测了锗和镓的存在，更证实了元素周期律的准确性，为后人发现更多的元素打下了坚实的理论基础；有自然界普遍存在的动态平衡理论，比如人体体液酸碱平衡、工业中原料的投料比和利用率的关系、合理饮食等，这些都向学生们展示了化学中的规律美、统一美。

在总结氧化还原反应规律时，有一条规律是"强强生成弱弱"。举个例子：在氧化反应 $2FeCl_3 + Cu \longrightarrow 2FeCl_2 + CuCl_2$ 中，Fe^{3+} 氧化性强于 Cu^{2+}，Cu 的还原性强于 Fe^{2+}。看似是氧化还原反应这部分的规律，实则也是化学变化中的普遍规律。这里可以为同学们总结一下从初中就接触过的"强制弱"的反应：金属铁能置换出金属铜，铜能置换出银，氯气能得到单质硫，溴能置换出碘，氢氧化钠能和氯化镁反应生成氢氧化镁沉淀，氨水能和硫酸铜溶液反应生成氢氧化铜沉淀，盐酸和碳酸钙反应生成二氧化碳气体，碳酸能和次氯酸钙反应生成次氯酸。这样的例子不胜枚举，成千上万看似没有关联的反应，原来遵循了统一的化学变化规律。

三、美育在化学教学中的实施方法

美国教育家柯伦（Curran）在《教学的美学》中提到教师就像"人类关系的艺术家那样，应驾驭课堂秩序，要创造便于学生集体学习的环境，努力创设师生关系融洽和谐的气氛，不断完善教学技能和提高敏锐性，以便更好地完成教学任务。"教师需不断提高自身素质修养、拓宽知识面，有意识地帮助学生完善和扩展对美的事物的了解和体验。

通过对教材的挖掘，教师要找到教学内容中可以提现美育的素材。比如：讲到金属铁和化合物的内容时，可以说说我国铁资源的现状、钢铁的冶炼、红土地是红色的原因等。作为教师，要关注化学教学内容中本身的关联性、和其他学科的相关性，拓展学生的视野，让他们更全面客观地看待世界。比如：在讲述原了结构、氯溴碘、氯碱工业、联碱工业这些知识点时，可以介绍相关的科学家，因为化学的进步离不开一代代化学工作者们的仔细观察和奇思妙想，也离不开他们对攻克难题的恒心和毅力。

在教学过程中，教师通过亲切生动的教态、富有感染力的语言，利用影片、图片、演示实验，触发学生的想象和记忆，使学生激发出一种跃跃欲试的积极状态，让学生进入一种渴望情感传达和交流的渴求，从而更主动地学习化学学科知识。在课后，师生之间也可以多多进行情感交流，让学生意识到教师的真诚友善，学生才能充分敞开心扉，和教师一起投入到教学活动中去，更有效地推动美育活动的展开。

评价环节也要渗透审美化。对于学生，我们不能仅仅用成绩高低、习题的错对，这种单一化的方式去予以评价。学生的一次精彩发言，实验过程中的一个规范操作，都需要教师去发现，给予肯定。相信久而久之，学生会更注重学习的过程，不以考试成绩为唯一目标，而是发自内心地想要获得新的知识。我们教师应关注学生的点滴成长、点滴进步，让他们能肯定自己、认可自己，让他们发现获得知识是快乐的，这其实也是教师获得快乐的源泉。

物质创造了美好的生活，美好的生活离不开物质。而化学创造出了各种有用的物质，也就等同于为我们创造了美好的生活。据报道，全世界每年增加约30万种新物质，牵扯到塑料、化纤、染料、燃料、医药、橡胶等方面，这些新物质，有很多已经进入千家万户，丰富着人们现代化的生活，提高了我们的生活质量。但当人们谈到化学时，往往会联想到它不那么美丽的一面，有毒、污染、爆炸。因此化学教师不能仅仅向学生展示五光十色的化学反应、肉眼不可见的分子结构，而是要传递一种客观看待事物的理念，让同学理解我们不断地学习知识是为了在生产出所需产品的同时，能够设计出更完善的工业流程，使用更先进的设备和设施，来杜绝反应中产生的污染，来创造更洁净、更科学的工业。

同学们要能客观地评价化学学科、客观地评价化学物质、客观地评价化学在生产生活中的价值和意义，这都需要我们教师通过各种教学手段让学生在学习中发现化学之美、认可化学之美，那么将来会有更多的人愿意投身于化学事业。美美与共，让我们一起守护共同的"蓝天白云，青山绿水"。

（王慧瑾）

高中生命科学课程中的美育因子

生物学是研究生物（包括植物、动物和微生物）的结构、功能、发生和发展规律的科学。属于自然科学的一个部分。目的在于阐明和控制生命活动，改造自然，为农业、工业和医学等实践服务。

生命科学的美育因子主要可分为结构和生态两个方面。对于不同的美育因子，在进行教学时应采用不同的方式和方法，使学生在生动的情感体验过程中完成学习任务，达到应有的美育效果。

一、生命科学结构之美

从每个生命个体的结构层次来看，从分子到个体，在不同视角之下，给人的感受和视觉冲击是完全不同的体验。

（一）分子水平

1. DNA 双螺旋结构

DNA 即为脱氧核糖核酸，是一种携带遗传信息、起到遗传作用的有机物。

DNA 双螺旋结构由 1953 年沃森和克里克发现并建立了模型，开启了分子生物学时代，使遗传的研究深入到分子层次。它精美而规则的双螺旋的空间构造成了分子生物学的标志，使看到它的人们不禁惊叹于大自然的精妙和自然法则的精确。

每个 DNA 分子由两条链组成，脱氧核糖和磷酸交替连接，排列在外侧，为基本骨架，碱基位于内侧。四种含氮碱基，两两配对，一一对应，每对碱基之间距离相等，夹角为 36 度，因此每 10 对碱基正好旋转 360 度。

在教学实践中，可以用多媒体的形式进行展示，将 DNA 分子模型直接呈现给学生，把本来肉眼看不到的分子摆在学生面前，使他们更易于理解。也可以通过学生亲自参与模型的搭建，在参与构筑中体验到它直观的结构美。

2. 蛋白质结构

蛋白质是组成人体一切细胞、组织的重要成分。机体所有重要的组成部分都需要有蛋白质的参与。一般来说，蛋白质约占人体全部质量的 18%，最重要的还是其与生命现象有关。蛋白质是生命的物质基础，是有机大分子，是构成细胞的基本有机物，是生命活动的主要承担者。没有蛋白质就没有生命。

蛋白质的空间结构分为四级结构，在三维空间不断延展、曲折，看似杂乱但又不可随意改变。它的结构如此繁复多样，当我们把它呈现给学生的时候，很容易使得学生被大自然的鬼斧神工所震撼，为生物和细胞带给我们的美感深深折服。

教师在课堂上可以提供一定的制作材料给学生，比如铅丝、橡皮泥、纸张等，让学生体验何为螺旋和折叠，仔细区别各种螺旋与折叠之间的差异。利用课余时间，带领学生参观大学实验室、胰岛素分子模型陈列馆等，让学生能在近距离接触中产生更深刻的感性认识。

3. 磷脂分子与双分子层

磷脂是一种由甘油、脂肪酸和磷酸等所组成的分子，磷酸头部是亲水的，脂肪酸尾部是疏水的。由于有这样特殊的构造，磷脂分子在水溶液中往往以微团状态或双分子层状态排布，细胞膜的主要结构骨架就是磷脂双分子层。

磷脂双分子层结构是构成生物膜的基本结构，是由多种有机物分子共同组成的统一整体，通过模型的识别和分析，能使学生体验到结构与功能统一的整体美。

在课堂上，教师可以指导学生利用废弃材料动手制作磷脂双分子层的模型教具，分享制作经验和相关知识，通过高倍显微镜观察变形虫或其他原生动物的运动姿态，从感性上理解细胞膜半流动性的结构特点。

（二）细胞水平

1. 细胞器

细胞器是细胞质中具有特定形态结构和功能的微器官，也称为拟器官或亚结构。其中质体与液泡在光学显微镜下即可分辨，其他细胞器一般需借助电子显微镜方可观察。

细胞中的细胞器主要有：线粒体、内质网、中心体、叶绿体，高尔基体、核糖体等。它们组成了细胞的基本结构，使细胞能正常地工作和运转。它们形态各异，功能不同但又相互联系，共同维持细胞的正常代谢。

不同的细胞器有不同的功能，外形特征上有很大的差异，又能在细胞生理功能的实现上，形成相互协调，相互促进，它们都充分体现了结构与功能相适应的和谐美。

在教学时，教师可购买装片或采集制作材料，让学生们通过观察装片及制作临时装片，体验各细胞器不同的特点。例如黑藻和叶下表皮有利于观察叶绿体；紫色洋葱外表皮利于观察液泡等。

2. 细胞分裂

细胞分裂是活细胞增殖其数目，由一个细胞分裂为两个细胞的过程。分裂前的细胞称为母细胞，分裂后形成的新细胞称为子细胞。一般包括细胞核分裂和细胞质分裂两步。在核分裂过程中，母细胞把遗传物质传给子细胞。在单细胞生物中，细胞分裂就是个体的繁殖，在多细胞生物中，细胞分裂是个体生长、发育和繁殖的基础。

细胞分裂可以是单细胞生物的繁殖过程，也可能是多细胞生物的生长发育过程，更蕴含了生物体前后代种族绵延的信息的传递、更替和继承。通过分析讨论与比较，能让学生们从细胞水平上对生物界的发展辩证统一的美感有了亲身的感受。

在实验中，教师引导学生完成大蒜根尖的培养、制作和观察，体验有丝分裂过程细胞连续变化的关系，通过观察动物细胞减数分裂固定装片，理解染色体数减半的原因。

（三）个体水平

1. 微生物

微生物是个体难以用肉眼观察的一切微小生物的统称。它们包括：细菌、病毒、真菌以及一些小型的原生生物、显微藻类等在内的一大类生物群体，它个体微小，与人类关系密切。涵盖了有益、有害的众多种类，广泛涉及食品、医药、工农业、环保、体育等诸多领域。

有些微生物是肉眼可以看见的，像属于真菌的蘑菇、灵芝、香菇等。还有一类微生物是由核酸和蛋白质等少数几种成分组成的"非细胞生物"，但是它的生存必须依赖于活细胞，我们通常称之为病毒。

对于微观世界的奇妙，要有感性的认识，就得借助显微镜等工具了。教师可以根据实际条件，让学生参与发现和探索过程，充分感受微观世界的广阔与新鲜，生机勃勃的美感。

比如，教师利用身边的显微镜等工具，引导学生观察原生动物或细菌等微生物，让学生对微生物有感性的认识；指导学生搜集素材，根据学过的知识，分析细菌和病毒对人类健康可能造成的危害，为传染病暴发时传播的谣言和不当防治措施提出正确观点和意见。

2. 植物

植物是生命的主要形态之一，包含了如树木、灌木、藤类、青草、蕨类、绿藻、地衣等熟悉的生物。种子植物、苔藓植物、蕨类植物和裸子植物中，据估计现存大约有 350000 个物种。

绿色植物大部分的能源是经由光合作用从太阳光中得到的，温度、湿度、光线、淡水是植物生存的基本需求。种子植物共有六大器官：根、茎、叶、花、果实、种子。绿色植物具有光合作用的能力——借助光能及叶绿素，在酶的催化作业下，利用水、无机盐和二氧化碳进行光合作用，释放氧气，吸收二氧化碳，产生葡萄糖等有机物，供植物体利用。

我们周围的众多植物，构成了我们赖以生存的环境。景观植物也好，功能性植物也罢，都能带给我们形态美的感受，以及愉悦感和发自内心的美的享受。

对此，教师可合理利用各种时间，带领学生采集制作标本。观察虫媒花、风媒花、以及单子叶植物纲的各科花等，都可以激发起学生的求知欲，使他们产生探究种种自然美的奥秘的热情。

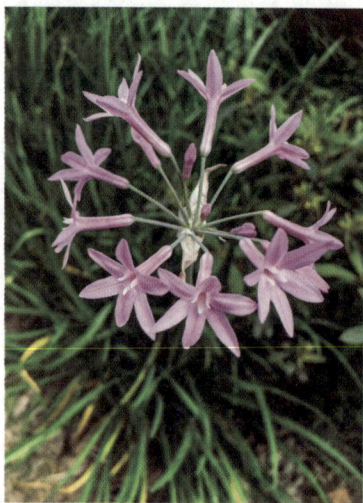

图 1   紫娇花图

3. 动物

动物是多细胞真核生命体中的一大类群，但是不同于微生物。

动物不能将无机物合成为有机物，只能以有机物为食物，是由细胞构成，有细胞核，没有细胞壁的一类生命体。因此动物具有与植物不同的形态结构和生理功能，以进行摄食、消化、吸收、呼吸、循环、排泄、感觉、运动和繁殖生命活动。

动物学根据自然界动物的形态、身体内部构造、胚胎发育的特点、生理习性、生活的地理环境等特征，将特征相同或相似的动物归为同一类。

教师可带领学生参观大学标本陈列室、自然博物馆等，让学生能更进一步地体验各类动物之间的关系和区别，体会和谐带给动物和人类的美的感受。

二、生命科学生态之美

（一）进化与自然选择

进化，又称演化，在生物学中是指种群里的遗传性状在世代之间的变化。所谓性状是指基因的表现，在繁殖过程中，基因会经复制并传递到子代，基因的突变可使性状改变，进而造成个体之间的遗传变异。新性状又会因物种迁徙或是物种间的水平基因转移，而随着基因在种群中传递。

图 2　绣球花图

自然选择能使有利于生存与繁殖的遗传性状变得更为普遍，并使有害的性状变得更稀有。这是因为带有较有利性状的个体，能将相同的性状转移到更多的后代。经过了许多世代之后，性状产生了连续、微小且随机的变化，自然选择则挑出了最适合所处环境的变异，使适应得以发生。

（二）生物多样性的美学价值

生物多样性是一个描述自然界多样性程度的一个内容广泛的概念。对于生物多样性，不同的学者所下的定义是不同的。通常包括遗传多样性、物种多样性和生态系统多样性三个组成部分，分别从分子水平的基因组成，同种生物个体与群体关系，以及不同生物之间的相互作用等不同角度体现出生物各异的千姿百态。

我们应把生物知识有机地结合在一起给学生讲解，使他们对生物之间存在的种种联系有一个系统的"网络结构"。除食物联系外，植物为动物提供呼吸用的氧气，动物为植物提供光合作用的原料——二氧化碳；植物为动物提供栖息场所，动物为植物传播花粉、传播种子，互相影响，由此使学生感受到自然界里的和谐之美、平衡之美。这同时会使学生认识到人类不能任意破坏这种和谐与平衡，使学生懂得要防止环境污染，植树造林，养花种草，保护环境，保持生态平衡。

生物教材中的美育因子是丰富多彩的，只要教师在教学活动中充分挖掘，灵活运用，可以使学生在获取书本上的生物科学知识的过程中感受美、欣赏美，多方面地提高学生的素质，启发学生努力去发现美、辨识美、追求美、创造美，并用美去感染你我身边的每一个人。

生命科学中的美就像一首优美的乐曲，能陶冶学生的心灵，使他们更加热爱生命科学这门课程。

（李博）

地理课程与美育的融合

一、高中地理教学中融合美育的必要性及作用 ·············

（一）立德树人下的地理美育的必要性

首先，在提升高中学生美学鉴赏能力及创造能力方面，美育属于一种十分重要的途径。对于美育教育来说，其主要目的是对学生审美观进行培养，促使高中学生更有效地感受自然美、社会美及艺术美，提升发现美、鉴赏美及创造美的能力。在高中地理实际教学过程中，通过科学合理地融合美育教育，不断提升高中地理教学效果，培养学生发现美及鉴赏美的能力，从而保证学生在今后发展中更好地创造美，促使学生更好地了解各种美好的事物，提升学生的修养。其次，在对学生进行爱国主义教育方面，美育也属于重要途径。在当前高中，任何一门学科教育教学中都需要融入一定的爱国主义教育，从而对高中学生爱国主义精神进行较有效的培养，因而在高中地理教育教学中要融入爱国主义教育，而美育的融合可使爱国主义教育更好地实施，这些因素都证明了美育具有重要作用和意义。

在当前素质教育及新课程教学改革背景下，高中教学对学生各方面能力的培养提出越来越高的要求，审美能力就是其中比较重要的一方面，而美育可使这一目标较好实现。所以，在当前高中地理教学中，地理教师不但要注重地理知识教学，还要注意融入美育教育，从而保证更符合教学要求，对学生审美意识及能力进行更好的培养。

（二）立德树人下的地理美育的必要性

中学地理与美学隶属于不同的学科，都有自身特定的内涵，而地理美育则是地理学和美学两个学科的交叉部分。从理论和实践两个角度来看，将美育融入中学地理教育，还处在初步探索阶段，对其重视程度远远不够。从现实发展趋势来看，中学地理审美教育在新时期教育理念下的地位和作用日显突出。中学地理教育旨在帮助、培养中学生全面系统地认识地理环境，依据各组成要素的结构以及各类复杂多变的地理运动，挖掘并整理出具有简洁性和统一性的规律与秩序。审美教育旨在培养学生形成正确的审美价值观，并逐步提高感受美、鉴赏美、创造美的能力，依据零散、杂乱、无序的各类科学艺术，努力探寻出能带给人愉悦之感的规律与秩序。以此可以看出，地理教育和审美教育都是为了追求"秩序"和"规律"。这里的"秩序"和"规律"意味着真理与和谐。中学地理本身就具有科学美，彰显出一定的美学基本规律。这也是在地理教学中能够实施审美教育的前提条件。但一定注意的是，中学地理教育与美育教育截然不同，两者都具有不可替代性，不能等同，一定要寻找两者的融合点。

地理审美教育的作用是根据地理学科的教学目标，依据学生的审美心理特点和生理特点，通过揭示地理学科的"真"和"美"，积极培养中学生高尚的道德和情操，使他们成为身心健康、全面发展的人。美育和德育、智育不同，美育能升华人的感性，德育和智育旨在发展人的理性。在德育和智育教育中，通常以限制、压抑感性的方式，来保障理性获得发展。这也是德育和智育不能替代美育的一个原因。

二、高中地理教学中美育融合方法及途径

（一）锤炼地理教学语言美

1. 教学语言的文学性

在地理教学中，可大胆地引用一些诗词、散文、成语、俗语等来表达祖国山河壮丽，从而激发学生的爱国主义热情。在讲授"北国风光"时，可引用毛泽东同志《沁园春·雪》的诗词："北国风光，千里冰封，万里雪飘。望长城内外，惟余莽莽，大河上下，顿失滔滔。山舞银蛇，原驰蜡象，欲与天公试比高。须晴日，看红装素裹，分外妖娆"。一旦这样操作，可以渲染意境，使学生获得美的感受。在诗情画意中，学生深受感染，引起学生兴趣，从而收到良好的教学效果。

2. 教学语言的趣味性

巧用有趣味的地理故事，增强课本内容的趣味性，活跃教学气氛，给学生以美的享受，加深对知识的记忆和理解。比如讲洋流种类"密度流"产生的基

本规律比较抽象，学生在接受和理解上有一定困难，可以用历史上的一场战争为例："第二次世界大战时，德国的潜水艇在关闭发动机的情况下，顺利通过了由英军严密把守的直布罗陀海峡，往来于大西洋和地中海之间，躲避了英军的袭击，并从背后给予英军守兵很沉重的打击。这是为什么呢？原来是地中海和大西洋之间的密度流帮了德国潜艇的大忙。"由此激发了学生对密度流的探索兴趣。此外，还可以将教学内容编成歌诀和顺口溜，讲"中国行政区划"时，把34个省级行政区连在一起："两湖两广两河山，五江云贵福吉安，四西二宁青甘陕，还有内台北上天。"又如讲"降水的类型"时，可编成"平步青云对流雨，勇攀高峰地形雨，冷暖相间锋面雨，旋转急上台风雨"。这样的顺口溜可以让学生在愉快轻松的心理状态下接受知识。

3. 增强地理教学手段艺术美

俗话说，"以言告之不如以物告之，诉诸听觉何及诉诸视觉"。地理教学手段艺术美是教学语言的重要补充，靠视觉途径获取的信息总是比从听觉途径给人的印象更强烈、更深刻。

（1）板书艺术美

教师板书清秀，色彩搭配，布局合理，提纲挈领，条理清晰，使学生的视觉产生一种美的享受，有利于记住重难点内容。

（2）地理图表美

色彩鲜明、形象生动的板图板画，可以培养学生的作图、用图的能力；利用景观图、教学用图，能使学生领略美的风采，得到美的享受，激发兴趣。

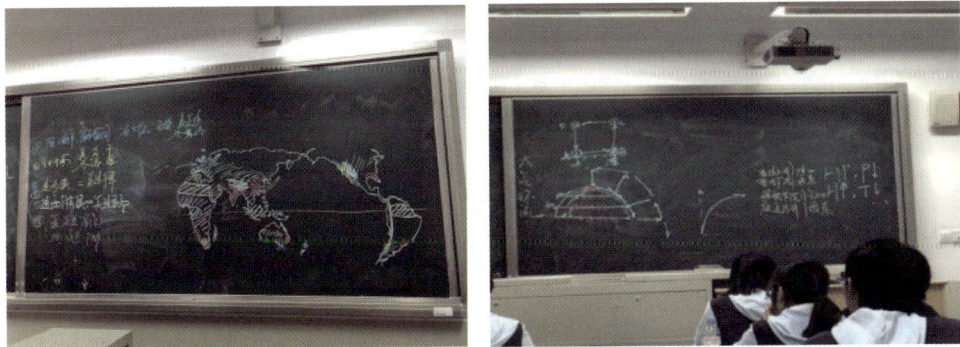

图 1 南洋中学地理组课堂实拍

（3）多媒体艺术美

利用多媒体辅助地理教学，可以直观形象地再现地理事物和地理事象，配上优美的音乐和生动的解说，增强了真实性、新颖性和趣味性，更能吸引学生的注意力，激发学习动机，使教学环境更加生动优美。同时，能使学生获得大量直接观察的感性材料，也可以将缓慢进行的地理过程在短时间内呈现，又能将世界各国的自然景观和人文景观展现在眼前，使学生在感受美，鉴赏美的愉悦中获得地理知识。

4. 发掘地理教材中的自然美

著名作曲家柴可夫斯基（Peter Ilyich Tchaikovsky）说："大自然恩赐给我们美感的欢悦时刻，就连艺术也欲施而不能。"地理教材中千姿百态的自然美，不仅能扩大学生的视野，丰富学生的知识，而且可以给学生以雄、险、奇、秀等多种形态美的感受，陶冶学生的性情，培养学生热爱生活，热爱祖国，热爱大自然的情感。

地理教育中有各种各样的美：

（1）雄伟美

如东岳泰山的"劈地摩天，气冠群仑"，登泰山极目远眺，"会当凌绝顶，一览众山小"的雄伟之感油然而生；钱塘怒潮的"滔天浊浪排空来，翻江倒海山为摧"等雄伟壮观景象，引起学生展开丰富的想象，从中体验美的感受。

（2）险峻美

险峻虽令人有惧怕之感，但也可形成美景。观看险峻的自然景观，能给人带来一种特殊的美感享受。如西岳华山，历来以险著称于世。

（3）奇特美

自然界中有许多奇特的景观，曲折离奇，变化莫测，令人感到怪异。例如被称为"天下奇山"的张家界，有众多造型奇特的峰石，又如新疆乌尔禾的"风城"和将军戈壁的"魔鬼城等。这些奇特的景观可以启发学生的智慧，促进思维，激励人们去追求，去探险，去创新，给人以特殊的愉悦感。

图2 南洋中学地理组课件素材

5. 开发地理课外活动美

在高中地理教学中，课外活动属重要内容，有利于学生实践能力的提升，因而在地理课外活动中融合美育十分必要。首先，在实际教学中应当增加课外活动内容，使学生有更多的机会接触自然，使其在课外实践中更好地感受地理的美感。其次，教师与学生之间应当加强沟通交流，以便更好地了解学生的地理知识的实际情况，了解学生对美的认识，从而依据实际情况制定具有针对性的美育教育方案及策略，并且合理实施，以更好地实现美育教育的融合。再次，教师可组织学生到课外欣赏自然美景，从而提高其发现美、鉴赏美及创

图3 南洋中学天文社活动

造美的能力。在这一过程中，教师应当为学生进行详细的讲解，使学生更好地了解这些自然美景，有效提升学生的审美能力。

三、研究成果与问题对策

"一切从学生的知识需求出发，开展审美教育，促进学生终身发展"的教育理念和新颖别致的教学模式极大地改善了南洋中学地理课堂的"课堂生态"，呈现出师生合作探究、教学相长的积极景象，实现了教与学的良性循环；极大地提升了学生的沟通能力，使学生形成积极向上的心态；培养了学生正直、诚信的社会道德感，以及对国家与社会发展的使命感和责任感；激发了学生的创新意识和创新潜能，彰显了地理学科立德树人功能。

（一）全员参与共同搜集美育素材

地理课程资源开发与利用的最终落脚点，是为地理教学及地理学习活动服务。不同于国家课程教材的一次审定、多年不变，地理课程资源要因地制宜、及时收集。地理课程资源是一种动态生成资源，要求师生共同开发。地理美育素材的搜集首先需要教师做有心人，用"地理之眼"发掘美和获取美的体验。例如，教师假期旅游、采风过程中拍摄的优美风景和精彩视频；《远方的家》和《地理中国》等电视节目中的视频资料；地理专业期刊中的精美图片；网络、微信等媒体发布的天文奇观、灾害事件、奇珍异宝等。其次，需要发动教研组集体的力量，让组内每个成员都能把自己获取的美育资料与大家共享，尤其要重视引导学生在素材搜集和参与课程开发中获得的现实经验，从而激发学生的探究能力和创新思维。

（二）牢牢地抓住课堂教学主线不偏离

很多时候，教师把美育素材仅作为调动课堂气氛的"兴奋剂"，学生被一些美育素材深深吸引，一时间角色转换不过来，出现应对脱节的现象。另外，因为要进行活动探究，所以有时会影响教学任务的完成。针对这些问题，要求教师一定加强总体的把握和调控，在探究的初始阶段先少量渗透，设置的问题也应易操作，之后逐渐加大素材和问题探究的能力要求，这样随着学生学习能力的提升，学习必然会切入正轨。

新课程的实施和高考制度的改革为课堂教学和课程建设提出了更高的要求，我们将继续营造开放的地理教学环境，教中研，研中教，以教催生研，以研提升教，不断推陈出新。为地理教学及地理学习活动服务，为学生自然成长、创新发展创造机会，为教师专业发展创设更为广阔的舞台。

四、总结

"爱美之心，人皆有之"，美之于地理教学非常重要。在地理教学中，教师要将教学过程变为引导学生的审美过程。也就是说，教师在地理教学中创设美的意境，充分运用审美的因素去感染学生，将"美"深深渗透于平时的地理教学中去，那么必将激起学生的审美感受，提高学生的审美品位，极大地调动学生的学习积极性。

在当前高中地理教学过程中，培养学生各个方面的能力已经成为必要任务，也是必然教学要求，而学生的审美能力就是其中的一个重要方面。地理学科具有自然科学和社会科学的双重性特点，蕴藏着非常丰富的美育素材，同时地理教材也是"真善美"的统一体。所以，在高中地理实际教学中，教师应当加强美育，充分认识美育教育的重要性和意义，在此基础上通过有效途径及策略融合美育教育，促使美育教育达到更加理想的效果，在此基础上提升学生的审美情趣及审美能力，促进其更好地发展。

（钱志钢）

CHAPTER 03

第三章
自主求实，彰显学校美育成果

社团活动中的美育实践

传承南洋历史之"美"

"顾维钧对外交流社"活动中的美育实践

顾维钧被誉为民国第一外交家，是南洋中学杰出校友之一。他和亚洲摄影之父郎静山、文学泰斗巴金并称为"南洋三杰"。南洋中学也被称为"中国人自主创办的第一所新式中学"，20 世纪二三十年代，学校很多课程采用英文原版教材；五六十年代，亦有众多侨生就读南洋。因此，在学校 120 多年的发展历程中，历来重视与社会和外界的交流活动。

南洋中学"顾维钧对外交流社"，名称源于南洋中学校友与校史，是学生基于共同兴趣和愿望自发组成的、具有特定目标、组织章程和活动方式的学生社团组织。社团成员定期开展活动，包括参与学校对外交流活动，学习交流礼仪、进行语言训练等。历届社团社员中，毕业后有较多学生在国内重点大学就读，或在国外学习深造。加入"顾维钧外交社"，让学生意识到，他们正展示着真实的南洋、真实的上海以及真实的中国。

图1 顾维钧外交社

一、社团建设之美

在顾维钧学生社团的创建与发展中，突出显示了南洋中学的美育教育。社团管理团队提出社团建设目标是：营造良好校园氛围，丰富同学校园生活，提高学生综合素质，引领学生适应社会。宣传口号是：加入顾维钧外交社，学生将享有与外国友人、外校师生、社会各界人士的交流机会，获得英语口语、英语书信、各国礼仪、各国文化、信息技术等培训机会。

顾维钧外交社，对新社员招新加入，有一定要求，主要从学习能力、表达能力、形象气质、交流礼仪，团队意识等诸多方面考量。每年 11 月份，在全校社团招新季，管理团队会设计宣传海报、宣传视频以及交流大使证书等，并按照学生会团委统一安排，接受全校学生报名，随后通过遴选和面试，最终招收新社员加入，充实新鲜血液。然后，社团成员参与社团活动，比如接待友好学校来访以及其他各种活动等。应该说，顾维钧外交社的成员，将在一定程度上代表当代南洋学子的形象气质和精神风貌。因此，就学生自身来说，需要自主发展，培养提高综合能力与素养，使自己成为符合学校文化与时代发展需要的中学生。

二、社团活动之美

顾维钧外交社开展众多常规与特色活动，壮大和发展社团，也通过各种活动，使社员得到锻炼与成长，培养综合能力与素养。

（一）视频会议，文化沟通

学校与全世界多个国家或者地区的学校有联系，并且与多所学校签订姐妹学校协议。与众多友好学校的联系，由于地域距离和访问经费等问题，不可能经常进行面对面的互访交流。于是，学校不定期通过网络会议开展与友好学校的互动。通过通信设备和网络召开视频会议，进行面对面交谈，参会者可以听到其他会场的声音，看到其他会场现场参会人的形象、动作和表情，还可以发送电子演示内容，使与会者有身临其境的感觉。通过信息化手段的支持，顾维钧外交社同学与美国、阿根廷、英国、中国香港等众多友校经常保持联络，学生之间通过网络音视频，沟通情感，畅叙文化，使学生国际文化和交流沟通能力得到了锻炼与培养。

（二）中英校际连线"梦想与团队"项目

"梦想与团队"青年领导力培训项目，是由英国大使馆文化教育处的中英校际连线项目之一。项目旨在通过体育运动和语言交流发展青年学生的领导才能，促进校际间的文化交流。通过项目培训，学生领袖将在领导能力、公民意识和国际化意识等方面得到锻炼和培养。

2013 年 3 月，南洋中学正式启动"梦想与团队"项目并进行学生领袖培训，由此播下了"梦想"的种子。6 月 5 日下午 3 点，由 20 位学生领袖主办的阳光体育节正式拉开大幕。其主题是"凝聚团队、拥抱梦想、沐浴阳光、绽放你我"，充分结合了南洋中学体育教育和心理教育的特色，设置了所有同学都能参与的心理和体育运动项目。在一个半小时的运动会过程中，全体高一 300 多位学生全身心地参与了比赛，体会到了心理游戏的快乐。在班级间的竞赛中，同学们在为班级争得荣誉的同时，也充分感受到了团队合作的重要性，增进了彼此之间的友谊。随后进行的心理游园，每一个同学都参与了不同的项目，在收获奖品之余，也被乐观向上、团结奋斗的精神所感染，将正能量播撒给参与的每一个人。20 位学生领袖一起策划的阳光体育节，从活动筹备、方案制定、场地规划、横幅制作、游戏选择、规则制定，节目安排，开幕式闭幕

图 2　南洋中学阳光体育节

式、嘉宾邀请确认等，都凝聚着同学们的智慧力量和团结协作。在闭幕式上，当所有人共同唱响《We are the world》，所有人都可以自豪地说，这是一场成功圆满的运动会。年轻就是力量，年轻就是梦想。正如有关领导在闭幕式上所说的："Wish all of your beautiful dreams come true in the near future."（希望所有人的梦想成真。）

2013年10月24日下午，徐汇区"梦想与团队"学生俱乐部沙龙暨南洋-温登姆中英学生交流在南洋中学新校园室内篮球馆举行，来自区内11所"梦想与团队"项目学校的辅导老师和学生领袖们共约30人参加活动。当天正值南洋中学英国姐妹学校温登姆中学来访，来自英国友校的20位师生也一起参加了活动。中英两国学生进行了展现两国文化特色的文艺表演，中国学生表演了竹笛和京剧，英国学生则表演了唐诗朗诵和英国歌曲合唱。在暖场表演后，联谊游园开始，分别有书法展示体验、创意手绘、中国茶艺、玩空竹、画画传递猜词和弄堂游戏等六大板块内容，大家游戏互动，场面热烈，不亦乐乎，在过程中，英国学生体验了中国文化，中英两国学生也进一步增进了彼此的交流。

（三）上海英国国际交流生项目和英国文化周

英国诺福克郡温登姆中学（Wymondham College）是南洋中学的姐妹学校，2008年3月，英国诺福克郡教育代表团访问徐汇，并正式签订了友好姐妹学校协议书。随后，两校之间经常通过网络与邮件，沟通信息和进行交流。2009年5月底，诺福克郡教育部官员艾利森·坎贝宁（Alison）女士访问徐汇区教育局，并到校拜访时任南洋中学校长王民政，希望未来几个月后共同开展一项国际交流生项目。因为在英国，学生高中毕业后，可以有一年时间暂缓进入大学学习，在这一年的时间，学生可以自己安排实习或者社会实践。

2009年9月，第一位国际交流生，温登姆中学毕业生Clara Fong（冯慧莹）来到南洋中学进行为期半年的访问。Clara在南洋校园生活和参与学校活动非常愉快，在结束交流回英国前，她深刻感受到了锻炼与成长。在南洋的日子，Clara参加了学校和学生活动、中文学习、开展英语角等，并与南洋中学师生进行深入交流，尤其是成功策划开展2009年南洋中学英国文化周（The British Week 2009）、圣诞节等活动，项目圆满成功。

2011 年 10 月，第二位国际交流生，Jakub Zajko（雅各布）来到上海，这是上海交流生项目第二期。Jake 作为第二名来自英国友校的学生，也是一位友谊大使，是中英文化沟通的桥梁，他和 Clara 一样学习生活半年，参与中文学习、英语助教、师生交流、开展英语角、筹划 2011 英国周、中英校际连线之狄更斯 2012 活动，还有英语家教、外校教学等，最后两个月还到普华永道上海公司实习。在南洋中学期间，Jake 保持与温登姆中学的联系，在两校之间进行沟通联络，第二期项目也圆满成功。

（四）来访接待展示南洋学子之美

随着学校对外交流工作的展开，尤其是搬入新校园之后，学校接待了众多友好学校，包括各省市友好学校、港澳台地区学校以及国际友好学校的来访。

截至目前，英国诺福克郡温登姆中学，爱尔兰克莱斯特金女子中学（Christ King Girls' Secondary School）以及香港中华基金中学和东华三院吕润财纪念中学等四所姐妹学校，每年保持与南洋中学定期互访，其他友校则多有不定期来访或互访。

让学生来做学校的主人，这是一种体验式的自主学习，也是学校交流工作的指导思想之一，更是顾维钧外交社的日常活动。通过学子风采，展示南洋中学的形象与美丽。通过指导老师的计划与协调，加上管理团队自主管理，一次次接待工作，学生们获得了学习锻炼、成长蜕变，展示了新时代南洋学子的良好精神风貌。

"没出国前，你的眼前就是世界；出国以后，世界就在你眼前！"外交社的学生，也有机会出访姐妹学校、参加世界比赛以及文化交流等活动。2010 年 7 月，丁文馨同学、陈侃同学，随徐汇区其他几所学校的同学一起参加为期 10 天的"让世博走进诺福克"赴英国诺福克郡交流访问；2010 年 8 月，安逸凡、路遥、朱明皓等三位同学，与区内其他四所重点中学师生一行 20 人，参加了城市青少年外交官上海俱乐部赴美交流访问。2013 年 5 月，南洋中学师生到美国田纳西州立大学参加 DI 青少年创新思维大赛全球总决赛并获得世界亚军。2017 年 8 月，应韩国济州道教育厅邀请，徐汇区教育局代表市教委组派上海市南洋中学师生交流团一行 30 人，到韩国济州道进行交流访问。2019 年 5 月，南洋中学陈偲、谢思婷、金伊琳、朱腾等四名学生，代表中国中学生组队参加了在法国奥伯纳举办的第一届世界中学生攀岩锦标赛并获得佳绩，为国争光。通过一次次出访交流，南洋学子开阔眼界、锻炼成长；通过国际交流访问，学生们学习收获了很多宝贵的经验。

在交流出访基础上，顾维钧外交社评选交流大使。2008 年 11 月，在与美国蒙哥马利中学的视频会议上，借助第四次中美学生视频论坛开展契机，时任南洋中学副校长于东航，为顾维钧外交社进行铜牌揭幕，并在揭幕仪式后，宣告第一位"友好大使"产生，她是外交社首任社长孙文怡同学。第一位大使之后，后面任何一个国家或地区的姐妹学校，外交社都评选若干同学担任"友好大使"，保持与友好学校的沟通与交流。

（五）企业参访中感悟成长

1. 参访普华永道公司

普华永道是全球最具规模的专业服务机构之一。普华永道迎合各行业的需要，为上市公司及私人企业提供审计、税务及咨询服务。2012 年 11 月，顾维钧外交社学生参访普华永道公司，了解咨询会计行业的工作情况和最新发展，如：关于会计、咨询行业以及普华永道的概况；关于职业规划、大学生涯的分享；就职业与学业方面的话题进行探讨；分享励志的电影短片等。

2. 参访 Google 上海公司

2013 年 10 月，由顾维钧外交社，"梦想与团队"学生领袖团队以及部分优秀学生组成的高一、高二共 23 位同学，参访 Google 公司上海办公室，学习了解 Google 企业文化，人才标准。这次的参观主要有三方面内容，分别是公司介绍，互动问答和环境参观。在 Google 公司陈老师带领下，在会议室聆听了关于 Google 的企业文化介绍，随后进行互动问题，最后还实地参观了 Google 上海办公室的员工工作环境，休息场所，餐厅，阅读书吧，会议室等。每个参与者得到了一次难忘的经历，看到了 6 点还未下班的工程师，参观了他们轻松的办公室氛围，也感受到正是这种轻松的氛围，才令 Google 创造了如此多成绩。

3. 参访上海东方梦工厂

2014 年 4 月，顾维钧外交社参观上海东方梦工厂，梦工厂是南洋中学的

"邻居"，位于徐汇滨江龙华中路 600 号绿地中心。同学们来到东方梦工厂后，公司主管，同时也是动画电影《穿靴子的猫》的制作人 Joe M. Aguilar 先生热情欢迎南洋师生的到来，随后梦工厂的刘老师带领同学们参观了公司的各个办公室，阅读有关动画电影制作的书籍资料，并且在培训室向同学们详细介绍了一部部动画电影的制作过程。同学们对动画制作充满了好奇与兴趣，也踊跃地进行提问。通过这次访问，同学感觉收获良多，不虚此行。

顾维钧对外交流社自 2008 年成立至今已经有 12 年，经过一届届南洋学子的传承与发展，社团已然成为学校明星社团。学生，永远是校园中最美丽的一道风景，通过外交社的建设与发展，南洋学子展示了学生社团发展之美。

（陆栋樑）

静山摄影社活动中的美育实践

　　南洋中学静山摄影社，成立于 2009 年。作为以摄影活动为主要呈现方式的社团，静山摄影社以南洋中学杰出校友、亚洲摄影之父——郎静山先生之名命名，意在传承南洋人的艺术品格和敬业精神，同时秉持知行并行的教育理念，学生以社团活动为载体，学习摄影技术、艺术，并用学到的技能为学校、师生以及社会服务。学生在活动中得到很多良好的体验和发展，在学习中提升自己的专业技能，培养自己的业余爱好，同时通过开展各种类型的社团活动，丰富社团文化，通过社团的志愿服务辐射社会，展现当代南洋人的行动力和综合素养。

一、在传承和发展专业特长的过程中，学会做专心专业的南洋人

　　12 岁时，郎静山进上海南洋中学读书，在图画老师李静兰那里学会摄影原理、冲洗和晒印技艺，于红楼中的暗室里冲刷出了他的第一张照片，于是和摄影结下了不解之缘。在预科时，郎静山最喜欢就是图画手工课，他的图画成绩也在同学中出类拔萃，因此受到李静兰老师的特别的赏识。李老师擅长书画，更善于启发引导，他在课余时间组织学生搞了一个"照相小班"，郎静山和几位同学参加后，李老师借来了一架老式的柯达相机，一边向这些刚接触到摄影的学生们传授摄影的基本知识，一边手把手地教他们怎样取景、怎样拍摄、怎样兑调显影、定影药水并在暗房中一步步将照片洗出来。看着自己拍摄的影像从白纸上显示出来，郎静山完全被迷住了，摄影艺术深深地在他的心中埋下了种子。艺术摄影是他的爱好也是他的工作，在寻找美和记录美的过程中，郎静山先生开创的集锦摄影弘扬了中国艺术，也代表了南洋人不断进取、知行并进的探索精神。

　　学校和指导老师的支持，为社团的学习成长提供了物质基础和精神力量。专业的指导老师为社团配备了专业的灯光设施和暗房，让静山摄影社成为一支专业的队伍，感受摄影棚的乐趣，了解在灯光的明暗强弱不同时物体和人物的

特点，利用反光板和闪光灯补充光线。

　　每年的新生军训、运动会、学农活动、南京社会实践等大型活动前期，静山摄影社的指导老师都会对新社员们进行一次"摄影专题辅导讲座"。社员们都是摄影爱好者，在接下去开展的活动中，他们都将用自己的镜头记录下每一个难能可贵的瞬间。指导老师的教导使理论知识具体化，教会社员们整理照片，发现角角落落的美。专业老师的指导和手把手教学为社员们创造了有利的摄影环境和技术支持，传授技巧的同时也丰富了社员们的摄影经验。

　　一位刚刚通过社团招新进入静山摄影社的高一新生，在接受了专业指导老师的几次指导后，逐渐爱上摄影艺术的专业性和独特性，他在自己的学习体会中写道：接触摄影前，我总是甘于成为一只井底之蛙，但摄影使我热爱外面的世界，让我知道外面的世界很精彩。摄影使人爱上复杂的世界，记录饫甘餍肥与瓦灶绳床。又或是，摄影的过程就是在适应世界。它带给我的不仅是世界之美，更是生命的意义，让我不再囿于无知。与功利的初衷不同，在这个过程中，我开始体会到我记录的不是美，而是生活，是生命。但正因为它们的美，我开始相信：生命只是世界万物之美的点缀。

二、在寻找美和记录美的过程中，学会做自主求实的南洋人 ················

　　静山摄影社旨在让同学共同学习摄影艺术，发挥摄影技能，同时为学校发展、同学成长和辐射社会服务。同学们常常在课外时间组织开展一系列的活动，比如各类志愿者服务，迎新年和假期的外拍活动，以及国内外的各类影展的观摩学习等。静山摄影社更是活跃在学校各类大型活动中的一支特殊服务队伍，例如每年的校庆，摄影社为历届的校友记录下了一张又一张珍贵的照片；运动会上社员们用相机记录下选手们的青春风采；季节交替时社员们又用相机留下校园的青葱岁月。在这一过程中，社员们学会了捕捉点滴的精彩，用相片记录下南洋的过去、现在和未来，用相机诉说南洋的故事。

　　筹备和策划每一次活动，过程总是既辛苦又快乐的，辛苦过后，活动的成功举办以及声声赞扬带给我们的是越发强烈的自信心和自豪感。团队是一个整体，社员们互相学习，弥补不足，在实践中提高自己的能力，虚心向他人请教。在自主活动中，社团成员们将自己的理论知识与实践结合起来，例如在某

图1　静山摄影社参与学校活动摄影场景

次拍摄夜景的活动中，成员们学习拍延时和拍即时，互相学习，锻炼我们的耐心，也真正有机会把道听途说转变成亲身经历。自主地开展活动可以锻炼个人的组织能力以及团队的聚合力，摄影可以锻炼我们的耐心和定力，学会发现生活中点点滴滴的精彩，也可以改善我们的审美，为塑造良好的自我形象打下基础。

岁末年初，为了迎接新的一年的到来，静山摄影社会组织举办师生摄影展。面向全校师生征集个人摄影作品，以反映校园生活和校园美景为主。影展得到了广大师生的热烈响应。大家纷纷找出自己的得意作品踊跃投稿。展出的作品中有大量抓拍到的珍贵镜头，驻足其间，让人禁不住回忆起校园生活的点滴美好。也有很多日常"严厉"的任课老师们晒出的校园生活秀，不时引起一阵惊慕和赞叹，艺术之美无形间拉近了师生的距离。

假期也是社团开展校外实践的最佳时机，炎炎夏日却挡不住摄影爱好者追随美的脚步。社员们会前往位于嘉定南翔古漪园进行外拍活动。一进入古漪园，同学们立即被大片的荷花所震惊，迫不及待地拿出了相机开始拍摄起来。耐寒睡莲、热带睡莲、荷花等600余种夏季植物，开启一场别具特色的"环球生态之旅"。拍摄间隙还进行了相互交流，互相取经。同学们不仅可身临其

图 2　师生摄影展

境感受"莲香盈满塘"的群体美，也可亲临品种展示区，近身欣赏莲荷"大腕们"的幽雅身姿。艺术之美，拉近了人与自然的距离。每次拍摄活动前与社员的沟通交流，也提高了学生的沟通能力。

2019 年正值五四运动开展 100 周年，迎接新中国成立 70 周年，静山摄影社又应时开展了"以信仰之名，为祖国点赞"主题摄影活动，学生带着国旗去旅行，利用假期与祖国的大好河山合影，并用相机刻画新时代上海一景。活动中，学生用相机记录下生活中的点点滴滴，也选择与信仰同行，与信念同进，与祖国同在。这是一场特殊的理想信念教育。

三、在学习技术和收获成长的过程中，学会做感恩生活的南洋人 ……

生活中的美无处不在，摄影是记录美的其中一种方式。我们用摄影把生活中的一瞬，变为记忆中的永恒。在相片里，学生看见了最美好最灿烂的笑容，最美丽最热烈的生活，最开朗最活泼的老师和学生。经常绕着校园转转，看到了很多原来没有发现的校园生活的美好。很多从静山摄影社走出的毕业生，回到母校时，仍会感慨：通过相机，他们可以看到一个不同的世界，从另一个角度出发，寻找生活中的美。摄影让他们拥有了一双善于发现美的眼睛，在未来看到那些照片，会记起当时的片段，想到曾经的生活和走过的路程。参与静山摄影社给他们的生活增添了许多快乐，摄影让他们善于发现生活中点点滴滴的风景。美丽的晚霞，雄伟的高山，高处往下看的感受，雨前雪后的城市，这些以前不经意间看到或从未关注的东西，当他们爱上摄影之时，会开始仔细观察它们，并通过自己的镜头记录下他们的模样。当然，还有生活中的人和事。劳动节去拍学校的劳动者，拍下的每张照片都是美好的记忆。路上，会遇见正在跑步的同学们，他们灿烂的笑容与阳光交汇；会遇见头发被风吹起的音乐老师，风把那些或青春或年老的脸庞衬托得熠熠生辉。也许风景很多年才会变，但人时时刻刻在变，于是记录成了一件很美的事。每一刻都是生命中最美的一刻，摄影的目的不是把平淡变为美，是记录生命的美，世界的美，自信笑容的美，伟大付出的美，甚至是残酷的美，引人深思的美。

有摄影社的学生，在参加完学校 120 周年校庆的校园十大美景摄影比赛后，写下自己的感言：参加学校的静山摄影社，使我更好地融入大自然，欣赏大自然的"美"；使我更好地融入南洋的校园，感受南洋的"美"。参加校园开放日的摄影社志愿者，捕捉到很多学弟学妹们参加社团活动时的愉悦，操作实验时的专注神情；参加校友返校日的摄影社志愿者，捕捉到很多校友们回归母校时的喜悦，遇见同学时的怀念……参加静山摄影社，不仅让我学会了摄影技能，也让我更注重生活中的"美"。南洋的校园是美丽的，不仅有校园环境的美丽，也有师生关系的美丽——师生互相沟通时的融洽。

在参与假期"城市最美奋斗者"的摄影活动期间，同学要用相机寻找身边的城市发展和变化，记录城市奋斗者的美丽背影，利用假期走出家门，用自己手中的相机记录"中国形象"。曾经学生都不以为然的一片不起眼的叶子，路边素不相识的环卫工人，工地上的外来务工人员，开始在他们的镜头中有了美好的意义。当学生们在家中和父母长辈一起过团圆年时，城市中还有许多人仍然坚守在他们的工作岗位上。过年想回家，但工作更重要。同学们在假期举起手中的相机，寻找身边为社会正常运转作出贡献的劳动者们拍下照片。拍下了寒冬中在立交下维持秩序的交警，拍下了清晨空无一人的马路上铲雪工人们辛勤劳作的背影，拍下了照顾患者不辞辛劳的护士和医生。一张张的照片无不体现出城市奋斗者的劳顿与艰辛。学生在此过程中，对社会奉献者们产生了崇高的敬意，并拥有了一颗发现爱，感受爱，传播爱的内心。

新春佳节，静山摄影社会组织开展"印象年味主题摄影活动"，用相机传承中华传统美德，致敬经典，以实际行动孝亲敬老。都说"百节年为首"，中华上下五千年，有着深厚的底蕴，春节就是其中的缩影之一。当热闹的春节渐渐变得安静，"年"好像离我们越来越远了。青年学生缺少的并不是对"年"的感情，而是"年"的新方式与新载体。本次摄影活动的目的就在于使传承千载的"年"，完美地转化为未来文化的"年"。言人人殊，味亦不同，但它永远不会消失，只是变了一种存在的方式。"年味"，并不是物质的丰盛，而应该是文化的丰盛。年味是全家团圆的喜乐气氛；是晚辈孝敬长辈围坐在桌前敬的那一杯酒；是屋外烟花闪耀飘进鼻内的一股幽香；是妈妈忙前忙后做的一顿年夜饭中的饺子；是逛庙会看着舞龙，吃着糖瓜儿，仿佛又回到童年的一种享受；是不管认识不认识，见面都说过年好的那种友好感觉；是家家户户都贴上喜庆对联迎接新春，庆祝新的开始；是满大街挂满了红灯笼，充满了祝福话语的那种气氛；是走在街上乡里街坊见面道着过年好的那种氛围。同学们用相机记录下为家中长辈做一件家务或与家中长辈共同参与的一项家务劳动。学生在家中孝敬、帮助家中长辈忙里忙外，不仅切身感受到长辈们平时的操劳，理解他们的辛苦，从而在以后的生活中更加体谅长辈，也增进了与长辈的感情。

学生所呈现的摄影作品都非常用心，虽然同学们对于年味的理解和展现方式各有不同，但浓浓的中国味和暖暖的亲情也饱含其中。也把"年"从生活中的必不可少，变为文化上的必不可少。

（赵卿）

巴金文学社活动中的美育实践

——建设校园"审美"文化　打造社团美学理念

一、问题的提出

随着自媒体的不断发展普及，人们感受世界的深度和广度不断扩大。眼下似乎只要通过自媒体，世界上任何角落发生的事件第一时间就会出现在我们面前。年轻一代容易接受新事物，各种身份、各个地域的年轻人活跃在自媒体上。令人眼花缭乱的同时，有一种现象令人深思：网红街拍疯狂刷屏、各种"土味"段子四处翻飞……有人说：这是一个审美沦陷的时代；也有人说：这是一个全民审"丑"的时代。

我们的孩子，每个人手上都有一个手机，他们生活的环境鱼龙混杂。是任由他们随着网络的洪流随意飘荡，还是引导他们建立健康的审美观，继而建立起正确的价值观、世界观、人生观，这是我们每一个教育工作者应该思考的问题。

今天，"审美素养"已经被写入《普通高中语文课程标准》（2017年版），国家对青年一代的审美教育也提到了战略高度。"审美素养"作为语文学科核心素养之一，作为课程标准的基本理念，应该引起我们语文教育工作者的关注和重视。

基于以上问题，我们做了三方面的思考：一是必须牢牢把握"培养什么人""为谁培养人""怎样培养人"的方向，关注学生实际情况，把握高中语文课程建设，重构教学内容，讲究教材教法；二是不断拓宽学生视野，课内外推荐阅读传统文化中优秀作家作品和多媒体优秀的衍生产品，正向积极引导学生全方位观察思考当今社会的文化现象；三是立足"校园文化"建设，以社团活动为抓手，倡导一种积极健康、活泼正向的校园社团文化，为学校整体的校园文化在语文学科方面作出积极贡献。

二、课题研究的界定

（一）研究目的

校园文化带有时代和社会的烙印，并极大影响学校教育功能的发挥与人才的培养。对于上海这样一个海派城市，对于有百年老校"东方伊顿"之称的南洋中学，语文老师仅仅埋头课堂是不符合学校和学生发展的。让学生走出课堂，参与社会，关心国家，热爱自己的民族和文化，参与学校社团是一种非常好的途径。社团文化作为校园文化的一个因子，有着不可忽略的地位和作用。因此，加强社团文化建设尤其是审美教育，在当下有十分重要的现实意义。

在学校社团上，我们有必要、有责任、加强文化建设，营造良好的"审美"文化氛围，充分发挥其调适、导向的育人功能。语文学科要进一步促进提高课堂内外的教育质量，培养学生健康人格、人品，"社团审美文化"品牌的提升势在必行。

（二）研究意义

（1）构建起和谐、美好的社团文化氛围，使学生获得一种理性、独立、自主的审美判断。

（2）使社团有"魂"（精神）可守，带动语文学科沿着良性循环的轨道发展。

（3）完备社团"审美实践"的各项规章制度，使其合法、科学、人性。

（4）以社团审美文化建设为切入点，推动学校审美素质教育实践的深入，促进学生的全面发展和个性发展。

三、课题研究的目标和主要内容

（一）研究目标

（1）通过南洋优美、和谐的校内自然物质环境作为载体，营造一个人文和谐、健康向上的社团美学实践的文化氛围，促进学生健全人格的形成。

（2）探索校园社团审美文化建设的途径、方法和规律。

（3）探索校园社团审美文化与学生综合素质的关系，并构建校园社团审美文化的教育模式。

（4）科学界定"校园审美文化"的实质与内涵，构建完整的、可供操作评估的"校园社团审美文化"教育价值的目标体系。

（二）主要内容

（1）物质的校园文化建设方面的美学实践。包括校园环境的景点命名、道路景观建筑物的历史文脉的印记、社团团徽和团刊的设计、社团的活动规范制定、学校社团网站的建设与管理等。

（2）制度的校园文化建设方面的美学实践。包括日常规范、奖惩条例、教育科研、教师培训、学生活动、饮食卫生等。

（3）精神的校园文化建设方面的美学实践。包括和谐人际关系的构建、学校精神的打造、师生心灵的呵护、团队价值观的形成等。

四、课题研究的方法与过程

（一）本课题研究的方法

（1）文献法

（2）讨论法

（3）访谈法

（4）行动法

（二）本课题研究的过程

1. 课题准备阶段（2017.5—2018.6）

（1）形成课题方案。

（2）组建课题领导小组和课题研究专门小组，筹备课题研究经费。

（3）广泛收集师生意见，分析调查现有校园社团文化建设的美学实践情况。

（4）上报有关职能部门寻求支持。

2. 课题实施阶段（2018.7—2018.10）

成立课题组，制订各自具体的研究计划，具体实施课题研究，完成相关论文和实验报告。

3. 中期论证阶段（2018.11—2019.2）

进行阶段检查和总结，调整和改进下个阶段研究工作，撰写中期研究报告，接受有关专家中期评估。

4. 结题鉴定阶段（2013.2—2013.12）

撰写课题的终端研究报告，撰写课题研究报告和结题报告，论文结集，论著出版，接受课题组的终期评估鉴定。

五、课题研究的结果与成效

在工作中，我们通过以下活动，把校园社团文化"美学实践"渗透到具体的活动中。

1. 校园环境文化方面的美学实践

我们通过研究学习《毋忘风雨——上海南洋中学人与事》系列校史丛书，了解南洋栉风沐雨的百年历程，"南洋三杰"成为我们研究的重点，学校里的自然景观，一草一木曾记载了伟人的痕迹。"青石板"这一特殊的物件，至今还被年轻的一代日日踏足，历史的震撼会在学生了解著名校友的人格和经历后击中学子的心房，影响将终生伴随学生。洁净、安静、优美的园林化校园，承载着历届校领导对学子的寄托；室外展示墙及文化长廊、历届学生刊物和作品的展示，无一不在延续着南洋丰厚的历史文脉。在硬件环境方面，努力体现、努力打造具有南洋特色的优良的审美文化氛围和育人环境，校园就是进行学生美学实践的最佳场地，也成为陶冶学生情操的无声的导师。

2. 制度文化建设

我们制订、完善了《巴金辩论社（文学社）美学实践活动制度》《巴金辩论社（文学社）美学实践学员考核方案》《巴金辩论社（文学社）美学实践奖惩制度》《巴金辩论社（文学社）美学实践考勤奖惩条例》《巴金辩论社（文学社）美学实践优秀志愿者评选制度》等，旨在增强学生美学实践的职责意识，建立正常美学实践的学习和活动秩序。

3. 教室环境文化建设

我们将名人名言、宣传栏、优秀作业栏等井井有条地安排在适宜的地方，每周评选优秀美学实践学生，并张榜公布，每月进行一次美学实践优秀学员评比，既锻炼学生能力，也成为教育学生的工具，使班级环境整洁、整齐、严肃。特别是在巴金故居系列活动中，演讲、写作、报告、活动纪实、论文写作、微课题组织撰写等形式，充分显示文学、辩论社团的美学实践文化氛围，在学生中起到了很好的引领带动作用。

4. 教师文化建设

通过创建现代教师阅览室、巴金云空间和云空间办公室，在论文写作和学生论文指导等方面，凝聚核心教师，凸显"美学实践"。不定期展出教师美学实践荣誉成果展牌，举办美学实践教育成果展览交流会等，使教师随时随地受到感染和熏陶。加强教研组、备课组建设，建成并完善教师电子备课系统，实现美学实践的教育资源共享。建立美学实践学习型校园，以团体的形式开展各种美学实践教育教学研究活动，促进"美学实践"专项青年教师的成长。

5. 校园文化生活

学校积极开展各种健康有益的教师读书活动，让健康向上的"美学实践"专业理念占领教师的业余生活阵地。教研组经常组织教师开展各种小型的"美学实践"文化娱乐活动，活跃教师的课余文化生活；邀请美学专家来校做专题讲座，举办各种美学教学评比活动，使教师从中受到直观熏陶和潜移默化的教育。

6. 学生文化建设

坚持以德育教育为载体，通过学科渗透、班队活动、板报橱窗宣传、评比校园之星、征文、演讲等系列活动，弘扬民族精神，加强传统美德教育。开展丰富多彩的美学实践学生活动，活跃学生的身心，让每个学生体验成功的快乐。利用每年第一学期为期一个月的"校园美学实践之星"活动，开展书画、手抄报比赛、手工制作、演讲比赛、校园美学实践之星评比、文艺汇演等形式，丰富学生的校园生活。

六、结论与思考

社团的"美学实践"整体规划虽然已经完成，但很多美学实践的设施正在建设中，从外观上还无法实现理论研究的成果。一部分老师对社团"美学实践"理念的理解和重视程度还远远不够，缺乏相关的理论，导致校园社团"美学实践"文化建设滞后。从全市别的学校来看，虽然都在做这方面的工作，但从思想认识到实践过程都存在较大的差异，需要进一步的指导和培训。

针对以上问题，应从以下四个方面来解决：

（1）进一步加强校园"社团美学实践"文化建设，从理论、宣传力度上加以完善。

（2）通过多种方式，增加教师，特别是领导对校园"社团美学实践"文化的认识，提高整体校园"社团美学实践"文化的水平。

（3）通过"走出去"的办法，努力学习外地先进的校园"社团美学实践"文化。

（4）把校园"社团美学实践"文化同学校的整体工作结合起来，相互促进，相互帮助。

（潘华）

培养艺术素养之"美"

茶艺活动中的美育实践

南洋中学茶艺活动开始于 4 年前，一开始是在高中拓展课上进行茶艺表演的教学，学生比较感兴趣。随着时间的推移，茶艺教学，表演的内涵与外延不断扩大，在茶艺教学中渗透进更多的美育实践。

一、茶礼的美育实践

起初，我们和学生一起学习了武夷岩茶、台湾茶、普洱茶的冲泡流程，比如高冲水、低斟茶；每一泡茶都应当由茶主人进行扫尾，以便随时调整泡茶要素；应随时关切每一道茶的茶汤的变化，以更好地发挥茶汤的品质。更重要的是，在冲泡过程中，培养了学生以端坐为正，以目光作礼，以手语示敬，以茶人的礼仪修养为规范，形于外而成于内。在茶艺表演、茶席布置、茶艺礼仪中渗透进美育实践。

二、传统点茶学习的美育实践

点茶，是一门艺术性与技巧性共存的技艺，这种技艺高超的点茶方式，也是宋代发达的茶文化集大成的体现。它在民间还有一个俗称，叫"茶百戏"，从唐代开始就有诗歌描述，比如刘禹锡《西山兰若试茶歌》："骤雨松声入鼎来，白云满碗花徘徊"，但并没有文献记载点茶过程。到了宋代，由于受到宋徽宗和宋朝文人的推崇，"茶百戏"做到了极致。宋徽宗专门写了一本点茶的论著《大观茶论》，详细描绘点茶、分茶的步骤，以及茶的烹制。据史料记载，宋代皇帝甚至亲自烹茶赐宴群臣。而宋朝的文人政治也培养出了一批热衷于点茶的文人政客，如陶谷、陆游、李清照、杨万里、苏轼。相关的诗词与记载有"矮纸斜行闲作草，晴窗细乳戏分茶"（陆游《临安春雨初霁》）；"百茶戏……近世有下汤运匕，别施妙诀，使汤纹水脉成物象者，禽兽虫鱼花草之属，纤巧如画，但须臾即就散灭"（陶谷《荈茗录》）等。元代后点茶、分茶逐渐衰落，清代后至今未见分茶的详细文献记载。

在传承复兴传统文化、现代点茶创新技艺的大背景之下，2018年市茶艺教研组开展了点茶比赛。学生之前从来没有接触过点茶的学习，如何在一场比赛的准备过程中既教会学生技能，又能渗透进美育教育是当时笔者考虑的重中之重。我将初高中两支队伍放在一起合练，由技艺和心理稍趋成熟一点的高中同学带领初中同学，在打茶汤的过程中，我告诉学生，其实这项技艺并不很难，古代人能做好，为什么我们一上来很难做好，那是因为现代人生活节奏过快，疲于应付身边的很多事情，所以我们的心是十分散乱的，看上去大家每天忙忙碌碌地上课下课，做很多事，但从来没有把自己的心专注于一处，去认真做一件事，去一心一意做一件事。而打茶这件事情，首先要让自己身体坐正，调整呼吸，心态放静，把心思都专注在打茶汤这一件事上，然后就能做好。高中学生的领悟力相对高些，按照这样的方法训练了几次后，基本上都能把打茶汤的时间由30分钟缩短到20分钟，最后一直到10分钟内打出一碗有质量的茶汤。初中六年级学生生性活泼好动，对心静、放松可能不太能够休悟到，但是初中生模仿能力很强，由于两支队伍一起训练，她们会主动观察高中同学的坐姿和动作。而高中同学在完成茶汤后，会主动指导初中同学，于是初中同学也就渐渐走上了正轨。看着一碗碗雪白的茶汤，我觉得，最重要的并不是打出一碗茶汤，一个结果，而是在打茶汤的过程中，学生体会到了专心一致、专注一心的感觉，而学生将这样的体验，用到生活与学习的方方面面，这才是中国传统文化教育与美育的真正魅力所在。

如果说打茶的过程体现的是传统文化中的一心一意，那么画茶汤面的过程则反映了中国传统文化中的创意性与美的表达。这并不是随意找一幅画画上去这么简单。我们在创制过程中，有这样几个问题。第一，茶汤面并不十分大，因此，能够在面上画出内容必定是十分有限的，必须精选，甚至每一笔都十分奢侈。第二，茶汤作画比纸上作画难度要高得多，因为茶汤是泡沫状，可能在纸上能构建非常优美的画，在茶汤上根本无法做到。初中有位同学之前设计了一款中国古代的窗棂，配上梅花一枝，图案非常美，然而移植到茶汤面上，窗棂的格子在拉线中，完全无法画直，梅花看上去也如同残花败叶。我们立刻开始着手调整思路，把之前纸上写实的画法改成简洁大方的写意画法。但是接下去，立刻又遇到一个问题，在剩下不多的图案中，究竟能画什么。而且，我们是两支队伍参加比赛，内容绝对不能雷同。由于比赛是团体赛，虽然是2人一组，每一组打茶汤和画茶汤的时间肯定不同，但考虑到如果3碗茶汤一同呈现，效果会更好，但这样就必须要做到以下几点：第一，完成时间要尽量一致。第二，三幅画中有逻辑关系。因此，在历经了很多次的调整后，最后我们确定了初中以传统文化中四君子为主的茶汤面，三位同学分别画梅兰竹菊中的三种，但是在实际操作时，又继续遇到问题，第一，继放弃梅花后，发现菊花更难画，于是最后换成了同样高洁的荷花。而我们一开始都认为，兰花最容易画，但是茶汤和纸上呈现出完全不同的感觉，纸上兰花能辨析得非常清楚，而茶汤上如果画得不好或者打茶的同学没有打厚实，兰花则会形同杂草。六年级的六位同学为此练习了很长时间，最后绘制出了心目中的方案，表现了中国古代文人的高洁志向。

而高中同学，我们设计了更加贴合高中生年龄和理解特点的方式。我们不仅仅要画出一幅具有中国传统意境的画面，且要求每幅画面都反映出一首中国的古诗词。最后我们分别用茶汤展示了三段诗词："明月松间照，清泉石上流"；"孤帆远影碧空尽，唯见长江天际流"；"渺千山暮雪，万里层云，只影向谁去"。小船，远山，大雁，明月，松石，惟妙惟肖地展示在茶汤上。中国传统山水画尤其体现一种意境，所以我们在画的过程中，尤其注意意境及画面的美感，并不完全强行追求要与诗词的每一段话都一一对应，比如清泉绝非是单一的泉流，而是和明月的倒影，松石结合在一起。而孤帆与只影，都是"单"的意思，由于诗词内容中，"只影"是指大雁失去了它的同伴，只画出一只大雁，表现出了诗歌中那种苍凉哀怨的意境。而孤帆，如果单画一只船，画面感会大打折扣，我们理解了一下，孤帆是在一片水面上的单只，不妨碍另外一片水面上的船只，因此，我们用两艘离开距离的船，遥相呼应，配合远山与近处学生设计的亭台，整个画面层次感非常完美。

最后我们的高中组获得了市级一等奖，初中组获得市级三等奖，比获奖更重要的是，两支队伍都在设计与学习的过程中培养了对美的感知。

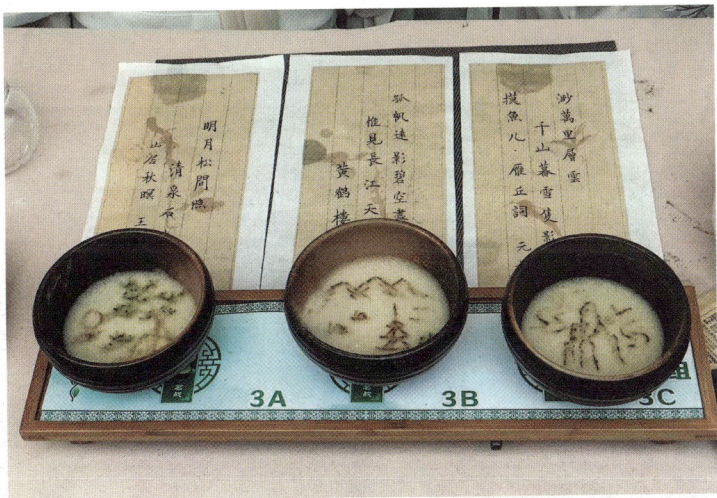

图 1　高中组茶汤甸绘制

三、茶艺综合表演中的美育实践

学生还将茶艺表演结合其他综合表演形式，用于比较大型的舞台，或者室外的舞台中。比如在桂林公园进行的"全民饮茶周"活动中，在古筝曲《渔舟唱晚》的伴奏下，茶艺社同学身着汉服，手捧茶盘缓步走出，行礼、落座，进行泡茶演示。而后，中国传统文化表演依次登场，将节目层层推进。一位同学身着昆曲服装，立于廊下，一曲《长生殿》片段，将"静雅"的意境与茶道相融。一静一动方为道，表演水袖舞与舞剑的两位同学，则把古装水袖舞的柔美、剑术的飘逸刚劲展现得淋漓尽致，刚柔相济，融入茶艺表演，如同泡茶过程中茶叶在水中翻腾舒展，茶叶的清香在唇齿间千回百转。最后由朗诵的同学声情并茂地吟诵了一首茶诗后，由衷地赞叹：茶自古在中国人眼中，是天地间的灵物，能够造福人类。表演的尾声，泡茶的同学手捧盛着新采摘茶叶的茶器，自台阶款款走下，象征着在泡茶、品茶、奉茶的过程中种下一颗"茶"的种子，这颗包含着"传承、包容、感恩"的种子将在同学们心中生根开花，而"器"则象征厚德载物、有容乃大，承载着中国茶文化及其他中国古代优秀传统文化传承的使命。

而在学校舞台的表演中，学生又创新性地将茶与瓷编写成一个故事，用青花瓷作为载体，配合音乐与舞蹈，讲述了一个关于瓷与茶的唯美故事。将美的意境表现得淋漓尽致。

图2 学生的茶艺表演

四、志愿服务活动中的美育实践 ·····································

2019 年寒假，我们的合作单位龙美术馆（西岸馆）有一个关于古琴、瓷器和茶器的展览，学生利用放假时间，向美术馆的老师学习了如何进行导览。将唐朝、宋朝的茶器展览分享给现场游览的观众，向大众传播传统文化之美。

南洋中学结合学校自身特点与初高中一体化形式，在茶艺教学实践中培养学生的美育品质。除了上述活动，还参与了成人仪式、红领巾换巾仪式，接待了从新加坡、中国香港等地区来访的同学，进行茶艺交流展示活动，学校申请了创新实验室专项经费，在校内建造了国学教室，作为茶艺教学的活动基地。茶艺推陈出新，创作出许多具有创新精神的表演形式，不仅注重与其他兄弟社团的联动，也与学校拓展研究型课程相结合，从"课程——社团——演出汇报——对外交流——志愿服务活动"的角度进行美育教育，提高学生对于美的感知力，把美育真正融入中学生的一言一行与学习生活之中，对未来的人生有所裨益。

（楼佳如）

舞蹈社活动中的美育实践

一、舞蹈教学中基础练习对学生的影响 ⋯⋯⋯⋯⋯⋯⋯⋯⋯⋯⋯⋯⋯⋯⋯

　　孩子的本性天真，活泼好动，模仿能力强，这种特点决定了孩子比较偏好舞蹈这一独特的美育形式。沃尔特里说："对身体来说，舞蹈可以强身健体，纠正错误的姿态，调整肌肉，加强动作的准确性。同时因为舞蹈是一种运动，对学生而言，是比柔软体操更完备的体育课程。在情感方面，舞蹈对学生适应团体活动、遵守纪律都有帮助。对学生个人言行举止、表情达意也有助益。跳舞除身体和情感并用之外，显然还要精神集中。"这段话准确地表达了舞蹈教学在基础教育中的重要地位。舞蹈的重要性客观地要求教师应摆正舞蹈教学的地位，并认识到其作用，真正重视舞蹈教学。

　　舞蹈社教学和学习过程中，对学生身体方面的素质要求大致包括力量、柔韧性、稳定性（控制能力）、协调性和灵活性。同时，也会针对学生身体自然条件方面的差距，进行基本训练，并分步进行以提高学生的身体素质。第一步，运用地板组合训练立背、直膝、勾绷脚、开胯、拉腰。立背需要背肌力量；绷脚需要小腿及踝关节部位肌肉的力量；坐地双旁分腿、单旁分腿是开胯训练；练习竖叉、横叉是解决腿的直力和髋的软度。这些练习为舞蹈训练步骤提供了初步的条件。第二步，扶把练习。其中蹲训练需要找背部立的感觉，为学生运用脚背、脚趾的多种能力奠定基础的是"擦地""小踢腿"等动作；以脚背为动力，直膝伸长肌肉的练习主要依靠"小踢腿""大踢腿"等。这些训练大大增强了腰、背、脚、踝的力量。第三步，中间练习。主要是进行单一动作、单项小组合等方面的训练，为获得较好的灵活性、协调性、稳定性创造优越的条件。实践证明，经过一段时间的训练，学生的四肢更加灵活和协调，立背、直膝、绷脚及肩、院的软开度、力度和软度都比以前大有提高。学生有了这些切身的感受，为以后的练习打下了良好的基础。

　　学生在接受各种各样合乎美的规律和规范的教育过程中，心灵同时也受到美的熏陶，从而在姿态、动作中不知不觉地获得一种优雅的风度和气质。在这种共鸣的动作中，人的情绪同时被传递而产生交流和感染。正是这种动作和情绪的互换和互补作用，使舞蹈具有其他任何艺术无法替代的功能：改善中枢神经系统，是保持青春活力的一种重要的健美运动方式。它使人精神焕发，身心健康，在节奏中享受着生命的快乐。

二、舞蹈美育对高中生的影响

舞蹈艺术教育，提升着人类情感，同时丰富着人类的审美体验，愉悦着人们的身心。在当代，舞蹈艺术教育对于人的全面发展具有得天独厚的教育优势，因此，它也是美育媒介中最佳的教育形式和内容。

随着社会的发展，舞蹈开始慢慢融入生活、走进校园。这对爱好舞蹈的中学生来说，无疑是一件好事，既可以满足自己的兴趣和爱好，还能亲身体验和感受到舞蹈给人带来的美。因而从一定意义上说，舞蹈艺术教育是使人类达到自我完善的重要途径。由于舞蹈艺术是以美的载体来传播人类深层次的情感信息，表达人类对真、善、美的共同的向往与追求，所以通过生动形象的舞蹈艺术教育，既能使学生形成健康的审美意识和敏锐的审美能力，也能使学生充分领悟到人生的真谛，形成正确的人生观和价值观，从而使自身的精神境界不断得到升华和完善。同时，舞蹈艺术教育的实践性，十分有助于学生左右脑的平衡发展和协调性的提高，以及健美体态的塑造和良好气质的培养，还能强化学生的感知力、记忆力、观察力、想象力、创造力等，使其初步形成创新意识和实际操作能力。更重要的是，通过愉快和谐的舞蹈艺术实践活动，不仅能使学生的情感得到宣泄，而且还能增强学生的合作意识和对社会的融入性意识，使其社会适应能力得到显著的提高。

高中生的舞蹈教学并非为了培养专门的舞蹈人才，教师在教学中要注意把握学生的年龄特点和接受能力，让学生在兴趣中学，在愉快中成长。

如果是初次接触舞蹈的学生，不能让学生觉得困难，这样会使学生感到高不可攀、望而却步，所以要从兴趣中培养。记得我在给学生上第一堂舞蹈课时，大家表现得都很紧张，甚至还有些惊慌。在他们的脑海里，舞蹈是高难度的技巧、高强度的训练，他们是不可能跳好的。我为了尽快让他们排除这种心理负担，便自己先随着音乐跳动起来，并附加一些简单的手脚动作，加入一些抖音视频中的网红动作。不一会儿就有一批学生率先加入模仿动作的行列中来。随着我不断的鼓励和渲染，所有的同学都放开了。我知道他们喜欢舞蹈，接着我又让每个人根据这段音乐摆出自己喜欢的造型，刚开始他们觉得很迷惑，又很好笑，当我把他们摆出的造型按照步伐和动作幅度依次排列出来后，大家心中才有些感受，然后我又把音乐结合到他们的这段动作中去，每个人的心中都翻起一阵波澜。他们随着音乐摆出各种造型，当他们看到镜子前的他们也能做出如此美丽的画面时，都有一种既兴奋又说不出的感觉，其实在他们内心里，都有对艺术的渴望和对美的追求。

舞蹈是一种动态的美，同时结合了音乐、表演等形式，在我的课堂中，我希望通过练习舞蹈，感受这些艺术形式，只有了解，才会热爱，并通过舞蹈艺术真正感受美的存在，让这种美真正地融入他们的思想和生活中去。高中阶段，所有课程脱离单一训练，编排复合性组合，将表演融入其中，在巩固动作的同时，给学生发挥个人特长的空间，最大限度地激发学生的表现力，使学生得到提高。只有激发他们的这种潜能，才能够让他们去追求美，感受美，欣赏美。所以在我的课堂中没有什么难易之分，也没有学不会的可能，我要让他们在美中体会舞蹈，在美中获得新知。

舞蹈社拥有不同风格的舞蹈，也会由社长或者舞团成员进行教授。有一次，一名成员在教授民族舞时，她在教大家舞步，教完后，让学生跟着音乐跳。当看到学生肢体完全僵硬时，我才发现，原来我没有说明舞的风格。接着我便告诉学生民间舞蹈中常见的基本形象，它和高原地区繁重的劳动生活，虔诚的宗教心理、宗教礼仪及习俗有密切关系，他们跳舞时，这些动作会自然地体现在舞蹈中，使动态形象带有明显的宗教心理因素。然而，这些动作主要来自劳动者为减轻体力负担的自我协调，从舞蹈角度来看，具有另外的一种劳动形成的协调美，带有艺术性的创造。我用了半节课的时间讲授文化，又让同学们参与讨论，经过大家的探讨和我的总结后，我们又一次随着音乐跳起来，这一次大家完全投入在舞蹈之中，完全被藏族舞蹈的美深深感染，通过镜子，我看到他们每个人的脸上都表现出兴奋和自信，他们认为他们就是舞蹈家，就是美的传播者。

图 1　车懿欣同学表演民族舞《天边》

　　高中生的审美能力和舞蹈修养要有极大的提高，就必须注重学生的想象力和创造力的培养，因为他们的想象力和创造力，值得我们每位教师学习。要让他们感受到舞蹈内在的魅力，真正体会舞蹈的精髓以及舞蹈给我们带来的快乐，要讲究适当的方法。在创编课上，教师采用不同的方法带领学生创编。首先，把以前教授给大家的不同的动作要点加以总结。从整体上把握每种音乐风格，这样就可以为创编奠定很好的基础。同学们充分利用他们所学的知识开发想象力，精心编排出不同风格的舞蹈。他们有的编排藏族舞蹈，有的编排爵士舞蹈，还有的小组用道具编排不同类型的舞蹈等。当我看到他们将一幕幕的舞蹈呈现给大家时，我感到他们的编排是那么精心，那么有创意。我们给学生提供各种机会去表演，提供各种比赛的任务，督促他们进步，更重要的是得到舞蹈中的快乐，这也是对学生的一种美育的培养。

　　从学生身上，我的艺术人生得以成长，并真正感受到了教与学合二为一所带来的动力。我始终认为，校园舞蹈教育应注重将舞蹈的美育教育与思想教育相结合，通过教舞的手段，达到育人的目的，让广大学生在美的神韵中，升华对优秀品德的体验和憧憬。

图2 南洋舞蹈社学生啦啦操表演

图3 南洋学子参加旗操比赛

三、如何发挥舞蹈教育的美育功能

（一）逐步完善舞蹈社团的课程体系

就教育而言，在西方国家很早就拥有了比较成熟的相关课程体系，其中有一些国家还对舞蹈教育的相关课程设立了一些标准，提出了一些较为具体的实施方法和实施路径。在西方很多国家的高等院校内，已经将舞蹈教育纳入教育体系当中，将其设置成为一门必修课程或者是选修课程，从而向着艺术教育中的现代化潮流逐步迈进。因此，我国应该向西方国家学习，顺应时代的潮流，适应当今舞蹈教育的发展，坚持在学校中开设社团活动，或者开设一些相关的舞蹈课程。

（二）为学生多举办一些与舞蹈教育相关的知识讲座

为了使舞蹈教育的美育功能得到充分地发挥，还需要给舞蹈学习者提供一些与舞蹈相关的知识讲座和培训。要想真正融入舞蹈的世界，如果只是具备一定的舞蹈文化素养以及舞蹈基础功底，那还差得很远。最重要的还是要形成自己良好的审美观和较高的舞蹈意识修养。因此，在进行舞蹈教育时，应该丰富舞蹈教育的教学内容，增加一些相关的教学活动，比如可以通过举办舞蹈知识讲座的形式给学生传播舞蹈理论知识，让学生在学习的过程中检视自己，从而培养学生自身的舞蹈意识修养。

（三）为学生提供舞蹈艺术的实践机会

在舞蹈教育过程中，不仅应该让学生欣赏和感受美，还应该为学生多多提供一些舞蹈的实践机会。比如可以举办一些与舞蹈教育相关的大型文艺晚会，在教学过程中，将与舞蹈有关的各种艺术资源有效地整合到一起，善于使用各种教育平台，主动培养综合素养全面提高的社会主义和谐社会建设的接班人和建设者。除此之外，作为舞蹈教育的相关教学工作者，更应该明确自己肩负的社会职责，对舞蹈教育在美育中所产生的积极作用和影响引起高度的重视，从而帮助学生丰富自己的课余生活，培养他们的兴趣爱好，为他们的审美素质教育提供最为坚实的物质和精神保障。我们应该通过舞蹈教育重点培养学生的审美观念，这对学生提高欣赏美、认识美、创造美的能力有着十分重要的现实意义。

（王珏慧）

美育与南洋 ACG 动漫社

南洋 ACG 动漫社创设已久，但究竟从何开始，笔者作为新接手的指导老师也无从考据，更无法考究了。近些年，动漫社制作了微信公众号"南洋 ACG 动漫社"，简介为："震惊！上海市南洋中学神秘社团公众号成立！据说，这里有无数传说级美图出没；据说，这里有奇装异服的异界少年游荡；又据说，这里有众多神秘笑声传出！这一切究竟是科学使然，还是不可告人的地下活动？今日，一同探究神秘社团的未知真相吧！"

一、动漫社的由来

ACG 为英语 Animation（动画）、Comic（漫画）、Game（游戏）的简称，ACG 文化发源于日本，以网络及其他方式传播，为华人社会常用的青年亚文化词汇，体现由年轻人群体创造的、与父辈文化和主导文化既抵抗又合作的一种社会文化形态。随着娱乐多元化，现在动漫社所触及的文化并不局限于日本 ACG 文化了，还有中华汉服文化、古诗文鉴赏、电影文化等，只要是能引发学生创造力的，都能成为动漫社的素材。而美育教育追求的是精神上的人生艺术化思想，其中就主张个体生命的创造性生活。个性与创造性是艺术最突出的特征，他们试图通过生活的艺术化来改变刻板、平庸的生存状态，使人生充满生命活力，这也就是学生们创建动漫社的初心。

图 1　南洋 ACG 动漫社 LOGO

南洋 ACG 动漫社是根据学生的个人兴趣和特长组织起来的。不难发现，加入动漫社的学生们，都渴望找到将自己的兴趣爱好再创造的入口，也想找到一种方式来宣泄自己的情感，希望通过自己的兴趣爱好来实现人生艺术化。在美育中，人生艺术化思想主张一种感性化、精神化的生活，是在实现人生中追求真善美统一的生活境界。人生艺术化意味着一种脱俗的生活，让人在不脱离世俗生活的情况下，获得更多精神性的生活享受，在日常生活之中寻得更多超越柴米油盐、功名利禄的乐趣。

目前我国的学校教育仍然在一定程度上忽视了教育的文化功能，特别是课堂教学几乎成为技能训练和知识灌输的同义词，而一些课外活动，例如兴趣小组、学生社团活动、文化艺术节、体育比赛和运动会以及其他文化娱乐活动，却恰恰成为丰富校园生活、发展学生个性、促进他们全面成长的主要途径。对于动漫社的活动而言，属于校园审美文化中的课外艺术活动，它是校园审美文化的重要层面，是艺术课的必要补充，特别是在当前学校艺术课程和课时偏少的情况下，课余的艺术活动已成为创造校园审美文化的主要途径，发挥着不可忽视的美育功能。与艺术课相比，课外艺术活动的内容比较活泼，更适合青少年的身心特点；组织形式比较灵活，如文学社、艺术兴趣小组、艺术团、艺术节等活动，更能激发青少年的艺术兴趣，发挥他们的艺术特长。从形态上看，课外艺术活动具有明显的跨文化特征，它既是艺术课的延伸，又是社会审美文化的渗入。因此，它体现了校园审美文化的中间性和开放性特征。当前学校课余艺术活动不仅促进了青少年审美方面的成熟，而且对于他们今后顺利地进入社会审美文化生活，具有积极意义。学校正是在此基础上重视学生的课外艺术生活，提供必要的时间和场地，并加强指导，动漫社才得以发扬光大。

二、动漫社的活动

动漫社活动不多，名气却不小，全都归功于每一年被选中的社长，每一个人都尽心尽力地想要把动漫社的名号发扬光大。这几年动漫社就做过几件大事。

（一）招生活动

南洋 ACG 动漫社招生活动非常火爆。每年到了社团招生的季节，动漫社总是想搞点"大事情"，且收获颇丰。学生们摩拳擦掌，希望可以通过社团招生这个机会，不仅扩大动漫社的后备力量，同时将名声也壮大起来。动漫社能人很多，尤其是爱画画的学生数不胜数，有些学生不仅连夜，而且自费制作精美的明信片、卡片、书签、贺卡、亚克力钥匙圈等，只为展现自己的才艺，希望得到大家的认可与喜爱；有些学生绘画基础扎实，乐意直接摆摊为可爱的学弟学妹当场绘大头画，让学弟学妹们无比兴奋，也非常崇拜。不仅如此，社长也提前准备社团招生海报的制作，召集了管理层的学生与指导老师，彼此商量协调，分工制作，有些学生设计海报，有些学生将设计稿变成绘画，有些学生联系制作商，其间经过反复推敲、修改，大家也不厌其烦，齐心协力完成了社团招生海报的制作。这样其实也算得上是艺术的交流，与此同时，在趣味相投的集体艺术活动中，学生的社会意识与社交能力也可以得到提高。动漫社的主要活动之一即是绘画交流，喜欢动画、漫画的学生们多多少少有点绘画功底，绘画的主题大都没有限定，会临摹自己喜欢的作品，会把身边的老师、学生作为模型勾勒下来，也会创作新的角色来满足自己的想象，想到什么就拿起画笔描绘在纸上了，这是学生对于情感的表达或宣泄的一种方式，这也是学生想要达成人生艺术化的一种方式。学生可能无法考虑到脱俗的生活、对传统思想文化的继承、拥有社会责任感那么深远，但是在动漫社活动的进行过程中，都可以通过美育进行慢慢培养。这能体现美育的"无目的的合目的性"，比如通过绘画交流，学生们能看到风格迥异的绘画作品，有些铅笔素描轻描淡写，有些水彩粉墨色彩斑斓。各位学生可能风格不一，正是因为如此，学生们才更需要进行绘画交流，去感受不同于自己的风格，去认同、认可、欣赏与自己所想的不一样的作品，甚至学会取其精华去其糟粕。这些虽不是动漫社所成立的初衷，但是在这样的活动中，起到了美育的作用，学生通过欣赏，从而学会思考更深刻的内容，学会包容异己的事物，学会提升自我。

（二）制作学科拟人明信片

南洋 ACG 动漫社与文学社合作制作学科拟人明信片。这个企划大概于2017 年就开始实施了，磨合一年多才终于成型。明信片的样式由动漫社的成员分别进行绘制，而各个学科所对应的人物设定与背景则由文学社的成员完成。也就是说，先由文学社的成员完成文字稿，通过人物设定，动漫社的成员再进行创作。比如学生们是这样写语文学科的："豆蔻年华的少女，一眼千里、美好如琉璃。她在山雨空灵的湖前，静静矗立，远远地眺望岸的尽头，找寻自己的意中人归舟。她一站，就是好几个时辰，一个人待久了，也就无所谓梳妆打扮，稍稍凌乱的发丝被有意无意地盘起；静坐，身旁只有茶壶发出咕咕咕的声响，好像能传到很远，让对岸的人听见；手头也未闲着，明明是位性情中人，却为了打发时间干起女红——团扇绣的是春天绽放的第一朵腊梅，黄色的蓓蕾含苞待放，翘首以盼春日的到来……但凡厌倦或疲劳了，就闲适地靠在竹椅上，长长的睫毛像是工笔画师遗漏的精妙，细长的柳叶眉衬托出精致的脸庞。朱唇轻启，念叨前人诗句：'轻寒细雨情何限，不道春难管。为君沉醉又何妨。只怕酒醒时候，断人肠。'"优美又富有画面感的文字，让人很容易就能联想到是语文学科。

"与其他的理科生不同，数学一直是他们中为人处世最严谨的，有时甚至因为一点小事而钻牛角尖，有时也因为不懂得如何圆滑地处理人情世故被人笑称'老学究'，不过他的心思却是最细腻、最敏感的，身上也能嗅到对于真理的向往，常常会因为一个小数点的问题辗转难眠，他也会在努力几个月却验证失败后哭得像个三岁小儿，但是心中有股不服输的气魄。厚重的镜片加上方框的镜框是他的标配。"这样细腻又精准的描写，让动漫社的学生们不仅渴望绘画，也会通过角色扮演来进行学科拟人。这样艺术文化的融合与交流，更能体现综合素质的提升。

語文

" 湖山信是东南美，一望弥千里，使君能得几回来？便使樽前醉倒更徘徊，沙河塘里灯初上，水调谁家唱？夜阑风静欲归时，惟有一江明月碧琉璃。"

畫/郭子萱

图2 动漫社成员郭子萱绘制的明信片

三、动漫社的意义

目前我国教育界存在着一种不良倾向，即用一种急功近利的实用主义态度来对待美育，并且因为美育没有显著的实用功能而轻视甚至排斥美育。在美育理论方面，也存在着一种偏向，即把美育简单地理解为德育的辅助手段或途径。其中一个重要原因，是没有认识到美育与人的全面发展有着直接而密切的关系。人的全面发展意味着人的各种潜能的全面开发提高并相互协调。在人的各种潜能中，审美是一个重要的方面，它与道德的方面既有联系，又有区别。美育包含着其他教育活动的某些因素，与其他教育活动有部分的重合。审美本身就包含着一种秩序感，一种文化和社会的因素。因此，审美表现必然与认识、道德相协调，具有某种智育与德育的功能。"审美自由不是'脱离规律'的，而是与逻辑必然性和道德必然性处于协调的关系，即超越了规律对情感自由表现的'强制性'。"所以，道德发展与审美发展相互促进，而且美育的某些方法也可以被运用到德育过程中去。德育是重要的，但是，如果把美育仅仅限定在德育的范围内，那就是从根本上否认了人本来具有的审美潜能和相对独立的地位。美育是促进个体审美发展的教育，对人的生存发展的完满具有不可替代的积极意义。

　　学生们正是要改变这种急功近利、实用主义的偏向，所以才成立了动漫社。这不仅仅是为了自己的兴趣爱好，更是为了从这种触手可及的社团活动中提升自己的审美，使自己更加全面发展。在审美、艺术活动中，精神因素总是直接与生理因素联系在一起。那种在人的审美和艺术领域排斥生理因素的观点，虽然表达了对精神生活的美好向往，但是缺乏对人性、人格的整体性观照，也是不符合事实的。在学校开展课外艺术活动，要注意突出学生身心和审美发展的特点，具有校园特色，表现学生活泼、青春、健康、向上的精神风貌。然而学校的艺术活动严肃有余，活泼不够；成人味太重，孩子气太少；社会化有余，校园风采不足。同时，目前许多学生把大量闲暇时间用于艺术欣赏活动，他们受社会上各种艺术思潮的冲击比较大，学校应该在校园艺术活动中帮助他们识别、选择和理解社会上的艺术现象，特别是在青少年中广为流传的各种新潮文化，使得他们有指导地参与社会上的艺术活动。动漫社通过艺术节、跨年表演，组织了各种各样的活动，例如与文学社合作，制作的学科拟人化明信片，学生们自己构思，找赞助商，设计模板，出谋划策，最终做出了一套精美的明信片，并在拍卖会上拍卖，所获得的利润也都用作慈善；又例如在艺术节、跨年表演中，动漫社有些同学现场绘图，展现风采，有些同学进行角色扮演，有模有样。可能各位都认为动漫社的学生多多少少受到日本文化的"侵害"，其实不是"侵害"，而是文化共融。他们学会取其精华，去其糟粕，将中华文化与外来文化相结合，试图得到更多的人的理解与支持。在娱乐中得到休闲，获得生活的享受，同时也在娱乐中获得了一定的教育。

（王艺宁）

第 二 节
校园活动中的美育实践

南洋中学校园文化活动建设

　　美是人类共同的渴望与不懈的追求，纵然每个人对美的定义不同，但我们都乐于享受美是毋庸置疑的。然而认识美、抓住美、创造美等过程需要一定的审美能力，唯有通过广泛的实践活动才能实现。学校的美育实践活动主要依赖于校园文化活动这一庞大的美育载体，丰富多彩的校园文化活动不仅充实了校园文化的内涵，还实现了美育课程与教学实践的挂钩联动，引领学生提高综合素质，实现全面发展。

　　南洋中学从全方位、各领域、多方面渗透美育，积极开展校园文化活动。历年举办的班班有歌声、艺术节、东方绿舟文艺晚会等已成为学校的品牌"美育"活动，贯彻以"美"育人、以"美"润人的理念，化"美"于心、寓"美"于神，培养学生拥有一双发现美的眼睛，引导他们追求美的生命直觉，塑造美好心灵。

一、"合"音悦耳，"声"入人心——"班班有歌声"合唱比赛美育活动建设

南洋中学独具品牌特色的校园文化活动，非"班班有歌声"的合唱比赛活动莫属。每年的"班班有歌声"都能抓住时代脉搏，贯彻育人理念，让学生在合唱活动中感受歌唱之美，表达内在情感，凝聚班级精神，体悟艺术韵味。每个班级都会精心准备自己的主题曲目，走心演绎，呈现完美的合唱作品。各班齐出妙招，以乐器伴奏、舞台剧表演、诗朗诵、动感舞蹈等多元的形式丰富合唱活动，增加艺术层次感。在"求同存异"的良性竞争下，班级互相交流沟通、彼此欣赏，齐力增添了学校的文化活力，提升了学校的文化品位。

图1   学生参加"班班有歌声"合唱比赛

"班班有歌声"有助于培养学生的合作精神和集体观念。当今的孩子基本都是独生子女、"天之骄子"，往往追求个性鲜明，强调自我中心感。完美的合唱表演不是一蹴而就的，而是需要一段时间的磨合、协作。在彩排的过程中，学生学会了倾听别人的声音；在交流的过程中，明白了合作和融入班集体的重要性，继而慢慢地认同班级，增强对班级的依赖感和集体主义责任感。此外，

合唱作为集体活动，全员的准时出席也会让他们形成遵守时间的好习惯，让他们懂得组织纪律性的意义。同时，团队合作的意识得到了提升，学会了克制自己，习得了"家人"间互相协助、互相包容的和谐相处之道。学生懂得了奉献精神，也会受音乐美感的熏陶，从而更好地健全自身的性格。

学校坚持每年举办"班班有歌声"的校园文化活动，不仅仅是因为它助推了学校的班级管理建设，对于学生个人而言，也有利于增强其创造力、提升他们的审美素养和思维品质。合唱是音乐表现形式的一种，而音乐则是形象思维的一种表现。合唱的演绎是以合唱队员和合唱作品本身为依托，并加以改造和补充的二度创作，① 当学生满怀热情地投身于音乐作品之中，他会逐渐把自己的情感和理解也融入作品，而这一过程就是学生自发地激发思维品质的绝佳实践途径。

合唱表演也会有突发情况，在正式的舞台上也会出现失误。对于演出本身，必然是一种遗憾。但在另外一个层面，它却是"美"的别样绽放，在学生的人格、价值观等各方面埋下了开花的种子。

"班班有歌声"的美育实践活动中，笔者也有一段难以忘怀的记忆。作为班主任，和学生同台表演，负责朗诵的朱同学却因忐忑紧张，一时间"失了声"，下台之后愧疚不已。舞台上的遗憾，看似是美育的失败，但却隐藏着新的"美"。这个"美"是如何让学生理性地看待失败与不完美，亦是活动生发下的美育新课题。因此，那一次比赛后，笔者抓住机遇，鼓励和引导噙着泪的朱同学。万万没想到，仅是那一句极其平常普通的"没关系，很好了"，却最后让她学会了用积极乐观的态度去面对失误，去接纳不完美，达到了思想道德的升华。或许这才是美育真正想要贯彻落实的。看着朱同学重焕笑容，笔者似乎也更理解了合唱美育活动真实目的：它不是给竞争者营造竞相争夺的高地，而是通过比赛的过程来提高学生分辨真与假、美与丑、善与恶的能力，树立爱憎分明的道德观，去净化人心，陶冶人性，最终达到感化人格的作用。

"合"音悦耳，"声"入人心。或许"班班有歌声"活动只是诸多南洋校园文化艺术活动中的一个，但它让参与过的那么多人想要重温和再次经历，可见

① 孙惠丽. 合唱艺术美育建设分析［J］. 文化艺术. 2018（2）.

它对学习者和教育者而言，已然不仅仅只是学校的美育活动建设，而是一个师生情感共振、心与心交融的主舞台。

二、十八般武艺，彰显个性青春——学生才艺展示的平台活动搭建

校园文化活动，是学生充分彰显自己青春色彩和个性的主舞台，亦是学校提供给学生充分开展美育实践活动的机会。美育除了要传递人类推崇的普世价值外，更要激发学生的潜能，让他们谱写属于自己的青春乐章，唤醒生命的灵动自信。

图2 南洋"合唱社"参加比赛合影

南洋中学校园文化活动真正做到了这点，为了"个性化"培养，学校搭建多渠道、拓宽大平台，科学化和规范化课程体系。除了传统艺术类的艺术节、东方绿舟文艺晚会、新年迎新活动之外，学校还结合学校的科技特色、体育特色，开展体育运动比赛和"发明小达人"等一系列益智强身的活动，将"体""美""劳"相关联，又与"德"和"智"紧密联动，产生"五育"并举的示范效应，以期达成学生全面素养的培养落实。美育建设也因育人体系的布局建设，发挥出自己的特点，不成为艺术教育的附庸，从而形成了"大美育"的

宏大格局和独立自主的育人体系。

孩子的成长环境中，兴趣的培养是尤为重要的。正是丰富多彩的校园文化活动，让学生在课余生活，抛开自己繁重的学业，找寻自己单纯的快乐。2019届的杜承翔同学兴趣广泛，他最热爱的是音乐，为了施展自己的钢琴才华，他加入了合唱队。毕业之时，他写下了一篇《狂想曲》来追忆他在合唱队的那些日子。

席慕蓉说："青春是一本太仓促的书。"在南洋度过的青春岁月，我印象最深的是在合唱队度过的短短那些年。

记得当初加入合唱队的缘由是听说合唱队的音乐老师从西藏支教返回，因此，我怀抱着期待与热情加入。起初是被安排作为队里的钢琴手，后来由于种种原因调换至低声部，成为其中的一员。这年的合唱曲目是当年大热的《爱乐之城》中最著名的两首曲目，一首悠长，一首欢快，像极了生命中的丰富情感，在音符的跳跃中体现得淋漓尽致。

起初的排练有些停滞，我们需要时间去熟悉彼此，更需要时间去磨合，记得当时老师说过的一个比喻："合唱其实也和爱情一样，没有绝对意义上的合适，只有在不断包容彼此之中成为牢不可破的整体。"当时只觉发笑的我们在后来的日子里慢慢明白了这个过程。

……

当别人问起我眼中音乐是什么样的，我会回答他，音乐有爱情的浓郁，有友谊的真挚，有这个世界的各种美好。这一年的回忆如同狂想曲一般，令人浮想联翩，充满了变奏，因而回味无穷。若干年后，当我再次翻开青春这本书，这段经历一定会沉淀得更为五彩缤纷。音乐，不也是这样变成经典的吗？……

或许杜同学不能作为所有同学的代表，但是像他这样的孩子，在南洋中学有许许多多。他们勇于追求自己所爱，用自己的才华展现自己的风姿，甚至在不经意间还发现了其他特长……正因如此，校园文化活动的组织开展极具价值，也任重道远。学校不愿错失让学生健康成长的可能，这更加促进了校方挖掘和开拓更多的校园文化活动，将活动依照学生的个性"量身定制"，并组织优秀的艺术团到校演出，并安排指导老师给学生专业的引领。

三、雅俗共赏提审美，专业引领育人才——南洋中学社团美育活动建设

美学家张世英说："人生有四种境界：欲求境界、求知境界、道德境界、审美境界。审美为最高境界。"提升学生的审美境界需要构建美学内环境，通过耳濡目染来提升美学鉴赏力。学校曾多次邀请交响乐团，让同学们领略西方音乐艺术之美，同时也重视中华优秀传统文化艺术的魅力，给学生带来国粹京剧表演，还曾带领学生体验诗画江南的独特韵味。正是学校对美育建设的重视，让"美"成了南洋人不懈的追求。南洋中学有学贯中西、博古通今的文化基因，多元文化下坚守着传统中国美学境界，吸纳上海的海派文化，流淌红色文化血液。雅俗共赏，以美育人，造就更多具有敏锐洞察力、丰富个性和高尚审美趣味的南洋人，成为学校美育建设的目标。

南洋中学积极开创传统文化的美育活动。学校开设了茶艺、篆刻、武术、国画等拓研课程，并以课程为中心，配合开设学生社团。茶艺社、汉服社等人气颇高，它们通过丰富多彩的展示活动将古代中国行为艺术、生活之美，隔着时空呈现在校园乃至校外的各大舞台上。以茶艺社为例，社团负责老师是具有茶艺师资格证的楼佳如老师，在她的带领下，学校曾多次组织学生参加校外比赛，斩获不少奖项，茶艺社也成了学校的品牌明星社团。

2020届高二（3）班的丁苏清同学喜欢茶道，在品茗、沏茶的过程中感受到了茶艺的乐趣，但是她一直"求道无门"，恰恰是茶艺社的开展以及楼老师的指导，让她能够在校园里做她喜欢的事，继续钻研茶道文化。当我和她交流，询问茶艺社对她意味着什么的时候，她则用富有诗情画意的语句回应了她的"茶道"：

> "茶饼嚼时香透齿，水沉烧处碧凝烟。"我们在茶的清香中，茶的湿润里，变得从容不迫。
>
> 我一向功利，凡事讲究个实用。在我眼中，投入不少时间去泡好一杯

茶是毫无意义的，因此在最初尝试点茶时，只是机械地用茶筅快速击打着，觉得差不多了便草草加些沸水，想要尽快进入下一道工序，却怎么也打不出充足的茶沫。我看着身边同学的动作，回想起楼老师所说的要点——水温。可我们的水并非现煮，无法通过声音判断，只好转而观察起水雾来。或许是湿润的水汽缓缓上升的样子太过朦胧，竟使我出奇地平静了下来，注意到茶筅摩擦发出的声响、茶盏上不易察觉的纹路和空气中湿润的清香，只觉得这细微之处成为贯通古今的纽带，让我得以在千年后，与陆羽、苏轼等人获得同样的审美体验。

"茶香宁静却可以致远，茶人淡薄却可以明志。"我庆幸能够成为茶艺社的一员，能够接触点茶，能够在楼老师的帮助下体悟传统的审美意趣，变得从容不迫。

图3　丁苏清同学参加茶艺表演

点滴的回忆，难忘的泡茶工序，培养了学生的观察能力，也同时嗅到了茶香、抓住了茶韵。与其说，丁同学因为选择了南洋的茶艺社而抓住了茶文化中的"美"，不如说是茶艺的"美"选择了那些愿意欣赏它的人。

同样在上一个案例中，我们发现进入美学的门槛需要领路人的指引。若学生已经具有基础的美学鉴赏力和表现力，那仅依托于校园有限的资源，难以帮助孩子冲破他的美学认知"天花板"。南洋中学很明确这一点，在开展社团活动的同时，也投入了大笔经费给予支持。尤其在领路人的问题上，邀请了专业人士给予学生权威的指导和帮助。学校的明星社团如戏剧社、舞蹈社，就多次聘请校外的指导老师为学生指点迷津，让学校美育活动的有效力、专业引领力得到了大幅的提升。以戏剧社为例，每年学校大型的文艺汇演，作为品牌的戏剧社都会邀请专业的校外艺术表演老师在彩排的过程中给学生专业技术的支持。

图4　南洋"戏剧社"表演

对于每个孩子而言，他们都渴望那束聚光灯，他们也都愿意竭尽全力，把自己最好的一面留给他所爱和懂得欣赏他们的人。尽管他们不是专业的，但是因为拥有过这样的经历，眼界与胸怀比别人开阔，在"美"的追求上也有了不懈的动力，相信他们的未来的道路，可期不凡。

（徐恺成）

其他学生活动中的美育实践

　　学校开展的各类学生活动始终紧密围绕着南洋中学的校史、校情、校风、校训，以"五育"并举为手段，以立德树人为根本任务，始终思量如何使学生的校园生活精彩而有益，以学生之美成就校园之美，成就学校发展之美。

一、宣传工作从认知到实践，成就更好的自己

　　团委学生会工作，让学生在自主管理和实践中找到身边的美，校园生活的魅力、师生情谊的美好、辛勤付出后的美满，这也是学校以美育人的特殊途径。

　　各类学生活动的宣传，除了依托传统的宣传平台——海报制作等，还需要依托新媒体平台——微信公众号等方式。前期需要浏览大量的宣传样例，学习其中的色彩搭配、空间布局等，同时研究海报承载的活动主题的背景和意义。在认知的基础上需要付诸实践，从认知到创造，是一个循序渐进、不断成长的过程，需依托大量前期的素材积累和自我思考，听取老师和同学们的意见和建议，不断更新和再加工。新手初上任，总有许多生疏不懂的地方，让人手忙脚乱而又焦头烂额，不知从何处下手。这就是每一任宣传部长在接手宣传工作时的写实状态。拆除了上一期的版面，面对两块两米的大展板，空荡荡的，丝毫没有灵感。结束了一天的学习和作业后，一个个挑灯的夜晚，同学们仍旧需要静心张罗起插图排版、文字内容，从勾线到上色，从略有雏形的草稿到最终的定稿，每一幅宣传作品的最终呈现，都会打破她们熬夜的困意。但这种成就感有时候也只是昙花一现，布置完展板后没多久，因为反馈不理想，内容单调、灵感枯竭，整个版面都需要从头再来。团委学生会所有成员在讨论中集思广益，让灵感不断地涌现和碰撞，这也是他们工作中最大的收获。学生会宣传部长时常感慨：作为部长，首先要挑战的就是布置宣传栏。不是糊弄应付过去，而要有内容、有思想、有美感。这对从来没有做过类似工作的人是一种挑战。策划、查找、打印、布置、重来……返工并不是一件容易的事。当你没有完成

它时，每天睁眼闭眼，满脑子都会想着它，念着它。在多次努力改正之下，终于将它布置成了能够代表学校，能够反映同学生活，美观的宣传栏。当同学们在宣传栏前驻足观看时，就会觉得之前的辛苦疲劳都没有白费，这样的画面是那么美好。

团委学生会的工作充满了酸甜苦辣，对于即将毕业的高三同学们，要组织同学们写明信片，为将要高考的高三同学助力，如何将全校师生的一份祝福和鼓励布置得显眼又振奋人心，对每一个人而言是一份挑战。校园开放日要组织开展"我的我的 TA"系列活动，画出学生心中的老师，在众多栩栩如生、生动形象的绘画作品中，要把老师们的真实和可爱表露出来，也并不是一件简单的工作。社团招新，需要所有的社团都制作出一份具有社团自身特色，又不失学校宣传整体性的海报和宣传标语，每一年都考验着学生会孩子们的最强大脑。春节前夕，团委学生会的孩子们会铺开颜色缤纷的卡纸，为老师们亲手折叠出千纸鹤并写上祝愿。

桃李不言，下自成蹊，感恩师长，是每年金秋不变的主题。光阴易逝，师恩永驻，在教师节来临之前，南洋中学团委学生会组织开展"请收下我和您的独家记忆"教师节特辑活动，同学们通过拍摄照片和写明信片的方式，晒出和老师的独家记忆。与老师之间的点点滴滴，被同学们用画笔，用文字，用相机记录下来，寄感恩之心于明信片之上，将美好瞬间永远留驻，烙印在心里。雄鹰用翱翔回报蓝天，骏马用驰骋回报草原，作为被精心浇灌、茁壮成长的南洋学子，唯有逐梦扬帆，砥砺奋进，脚踏实地朝着理想迈进才能不负师长的殷切嘱托。那些互相鼓励、互相帮助的句子，那些思考之后灵光乍现的精彩想法，那些完成工作的真诚的笑颜，是这些学生干部们真实经历的美好。

学生会工作的美学实践，是一份挑战，也是一份展现校园和谐、友善、青春、朝气的最强大舞台。团委心理部部长印象最深刻的是每学期开展的"南洋健康心理月"活动，在老师的协助下，心理部为同学们精心策划各式各样丰富有趣的心理月主题活动。她曾在自己的离任感想中写下过这样一段文字：

还记得那一个个修稿报告、评选作品的夜晚，我总是打起十二分精神、认真地对待每一位同学的作品；而能够使我如此乐此不疲的，正是同学们在作品中展现出的天马行空的想象力和令人惊艳的表现力。无论是绘画、写作，甚至是自导自演的心理短剧，同学们都能够交出预期之外的优异答卷，一次又一次的惊喜令我深深感受到校园同窗生活的美好。

每一届学生在结束了学军、学农和南京社会实践活动后，都会以班级为单位制作实录，用照片、图画、文字等各种形式，展现班级的凝聚力和团队的创造力。形式各异、色彩斑斓的实录呈现方式，总是让评委老师们目不暇接，欲罢不能。这些年复一年的传统，逐渐有了"南洋特色"，也有了"南洋温度"。不断推陈出新的工作要求，精益求精的自我要求，频繁又充实的活动内容，加快了学生干部们成长的脚步，也让他们成就了更好的自己。

二、"南洋礼物"从传承到创新，留下闪耀的青春故事

2014 年 5 月，在南洋的会议室召开了一场特别的教师代表、家委会代表和学生干部代表联席会议，会议内容是有关 2014 学年校服招投标事宜。当时的南洋新校园正在紧锣密鼓的建设中，为了展示南洋人的新面目，学校在全校范围内举行了校服设计大赛，共有 10 余套学生作品参与评比。高一（2）班李佳音同学的设计获得全体同学的肯定。在招标会议上，首先由校服设计者对于自己的设计做了一番介绍，也发表了之前和两个厂家沟通时，对于两家厂商产品的见解。参与投标的两家厂商皆以校服设计大赛冠军的作品作为蓝本，融合公

图 1　学生校服设计大赛获奖作品展示

司自身特色，就各自公司的发展、产品特色、合作学校、售后服务以及实样展示，为自己的产品做讲解。从 2015 年起，每一届南洋学子都穿上了自己设计的校服。

2017 年 1 月，在农历新春来临之际，南洋中学的每位师生都收到了一份特殊的新春祝福——由团委学生会自主设计，诚意出品的"南洋结"。"南洋结"是机器与手工结合的产物，学生们首先要通过集思广益，构思完成整个制作流程、工艺等，并进行任务分工和原材料采购。学生想到了将南洋中学的校徽图标作为整个"南洋结"的主体，将设计图纸转化为雕刻机路径，并将路径导入雕刻机。图案确立后，将椴木板放入激光雕刻机并定位，进入双面雕刻程序。拥有镂空设计的校徽图案木刻，经过机器初步烧制和学生的亲手精雕细琢后，已经初露雏形。随后是更加精细的红绳和圆珠的串联工作，通过纯手工的DIY，制成成品。"南洋结"也凝结了学校的文化因素，木刻校徽图案古色古香，互相作揖的图案在新春之际，又多了一份"拜早年"的喜庆。纤纤南洋结，带着浓浓的新春情。

一年后，2018 年的新春佳节，南洋学子又亲手制作了一款"旺春"窗花，在传统的"春"字窗花图案中，融入南洋校徽元素。守犬平安年，花开如意春，薄薄窗户纸，深深南洋情。又一年的中国传统年味，展现了南洋学子的守正和创新。

每年团委学生会的离任礼物，也凝结了一届又一届学生干部们的智慧。他们将工作时的难忘瞬间烧制在马克杯上，寓意着一生不变的情谊和信仰；他们将祝福印刻在彩色的木片上，带着对前辈的深深祝福和传承；他们将卡通头像印刻在胸前的徽章上，象征着荣誉和鼓励。

将南洋学子朝气和自信，与学校的传统与文化融为一体，从传承到创新，南洋学子用实际行动积极投身于学校的建设事业。

三、假期生活从智育到美育，实现"五育"并举新举措

（一）传承红色基因，绘制徐汇滨江人文行走地图

"纸上得来终觉浅，绝知此事要躬行。"2019 年的暑期，为了迎接新中国成立 70 周年，南洋中学团委组织开展"传承红色基因，绘制徐汇滨江人文行走

地图"活动。学生积极走访红色基地、优秀历史建筑、名人故居等场馆基地，并绘制一张人文行走地图，见证 70 年来徐汇的发展和变化，传承南洋红色基因，感受信仰的力量。以南洋中学为中心，同学们积极走访了余德耀美术馆、昆虫博物馆、公安博物馆、滨江规划展示中心等多个地点，并为选定的建筑设计标志醒目的 Logo，规划行走路线。我手画我心，南洋学子们用自己的脚步丈量徐汇文化的深度，用自己的内心感受南洋红色基因的传承，在实践中思考，在思考中领会，用画笔描绘出他们心中的人文徐汇，展现百年南洋风貌。

图 2 学生徐汇滨江人文行走地图绘制作品

（二）主题小报制作

每年的假期，学生也会参与到主题小报的制作中，以"经典阅读，体会中华文化"为主题，同学们上交的作品也大多很有创意。通过美术绘画、图文并茂的方式，重温经典，创新阅读形式也让师生感觉耳目一新。借此可以培养学生良好的阅读习惯，提升学生的文学素养，与人谈吐交流、一颦一笑之间，都能够逐渐体现出那股淡淡的书香气，领略人生世事的千姿百态，与此同时，对于自己所向往的人生，以及自我评定做出更多的思考。从书中体会不同时代社会氛围下的种种风俗，也能与现今的生活有所比较，更好地珍惜当下。通过手绘的方式，意识到身上所肩负的弘扬、体悟、传承中华数千年文化的责任。2016 年 1 月 1 日起，《上海市烟花爆竹安全管理条例》正式实施，条例中明确规定禁止在外环线以内区域燃放烟花爆竹，违者将追究法律责任。当年寒假，团委学生会设计了以"禁放烟花爆竹"为主题的手绘画报制作活动，本次活动旨在让同学们都能自觉保护环境、爱护环境，严格遵守条例，对烟花爆竹说"不"。

（三）书法展示活动

"中华文化我来传"墨香书法展示活动。书法，这是一种与生活联系最紧密、参与者最广泛、最受大众喜爱并最具民族特色的中国传统艺术，展现中国文化的审美意境和艺术精神。活动的意义在于提升学生对中国诗词的鉴赏能力、感受中华文化的魅力。

（四）主题摄影活动

《孝敬长辈　学会感恩》主题摄影活动的开展，也展现了当代南洋学子对于家庭责任和社会责任的担当。孝敬长辈一直是中华民族的传统美德，作为一个人，最重要的是要学会感恩。寒假也恰逢新春，在学生眼里，春节最重要的不是美味的大餐，不是厚实的红包，也不是可以休息的假期，最珍贵、最幸福的应该是家人的团聚。关心一下劳累的父母，照顾一下体弱的爷爷奶奶，外公外婆。学生坦言：其实长辈并不需要我们以后轰轰烈烈地去为他们做什么大事，有时候，只是陪他们聊聊天，只是一个祝福、一句问候、一朵鲜花、一个拥抱，甚至只是一个微笑，就是关心孝敬长辈的心意。透过照片，确有不少温馨的场景，老少同框，都笑得很美好，同学们记录下自己与长辈一起度过的温暖岁月，在寒潮肆虐的冬季，让人感到内心的温暖。本次活动的目的也就在于引导同学们能够学会关怀，学会感恩。

（赵卿）

图书在版编目(CIP)数据

设境育人　以美感人/郑蓉,赵卿编著. —上海：
学林出版社,2021
(南洋中学全面育人系列丛书 / 王圣春主编)
ISBN 978-7-5486-1711-2

Ⅰ. ①设…　Ⅱ. ①郑…　②赵…　Ⅲ. ①美育-教学研
究-中学　Ⅳ. ①G633.950.2

中国版本图书馆 CIP 数据核字(2021)第 040671 号

责任编辑　胡雅君　石佳彦
封面设计　周剑峰

南洋中学全面育人系列丛书

设境育人　以美感人

王圣春　主编

郑蓉　赵卿　编著

出　　版　学林出版社
　　　　　　(200001　上海福建中路 193 号)
发　　行　上海人民出版社发行中心
　　　　　　(200001　上海福建中路 193 号)
印　　刷　上海商务联西印刷有限公司
开　　本　720×1000　1/16
印　　张　15.25
字　　数　25 万
版　　次　2021 年 4 月第 1 版
印　　次　2021 年 4 月第 1 次印刷
ISBN 978-7-5486-1711-2/G·645
定　　价　68.00 元